ジャワの芸能ワヤン

その物語世界

福岡まどか
Fukuoka Madoka

Stylenote

目次

第1章

ジャワの芸能、ワヤンとその物語

1・1　研究の目的と対象

この本はインドネシア・ジャワ島の芸能と物語世界との関連について考察したものである。インドネシアにはさまざまな芸能があるが、ここでは特にワヤン *wayang* と呼ばれる芸能を取り上げる。ワヤンはインドネシアのジャワ島とバリ島、マレーシアに見られ、後述するように影絵をはじめ人形劇、仮面劇、舞踊劇などを含む芸能ジャンルを総称する。この本の中では主としてジャワ島の影絵と人形劇を対象として、古代インドの叙事詩のジャワ島における独自の変遷を提示し、また上演の中で展開される物語世界の特色について考えてみたい。ジャワ島の影絵と人形劇は音楽、演劇、文学の研究テーマでもあり、また人類学的研究成果の中でもジャワ人独特の思想や世界観を考察するための重要なテーマであり続けてきた（cf. Foley 1979, Groenendael 1985, Keeler 1987, Mrazek 2002, Weintraub 2004, Sears 1996）。ここではこうした先行研究の成果を念頭におきつつ、特に上演における物語世界という側面からジャワの文化に分け入ってみることを目指す。

上演の主要な源泉となる物語としては、古代インドの叙事詩ラーマーヤナとマハーバーラタが知られている。どちらも恋愛、冒険、戦いなどを軸に展開する壮大な叙事詩である。これらの叙事詩は九世紀以降にジャワ島に伝えられ、多くの芸能ジャンルの中で変遷を遂げて根付いてきた。ジャワ島の影絵や人形劇におけるラーマーヤナとマハーバーラタはインドにおけるオリジナルの叙事詩とはさまざまな面で異なる独自の物語世界を形成するに至っている。また主要な源泉となるインドの叙事詩の他にもジャワ島に由来する神話や物語が多く伝承されており、これらの物語世界も影絵や人形劇の上演を支えている。

この本では上演の源泉となる独自の物語世界の特徴を考察し、書物などの「書かれた」物語テクストとの対比を念頭におきつつ芸能の中で「演じられる」物語の特質について考察する。上演における物語の展開方法と演出の特徴を分析することによって、上演を観ることを通して認識される物語世界の特質について考えてみたい。この本の記述はさまざまな物語に関する示唆的な研究成果の検討と実際の上演記録に基づいている。

ジャワ島チルボンの影絵　叙事詩マハーバーラタの一場面　写真：福岡正太

1・2　ジャワ島の芸能ワヤン

ワヤンの語源は「影」を意味する *bayang* であるとされる。インドネシアではジャワ島とバリ島で頻繁に上演されている。語源が「影」を意味することから影絵ワヤン・クリット *wayang kulit* が主流とされているが、他にも多くの上演形態がある。語り手が絵巻の絵解きを語るワヤン・ベベル *wayang beber*、木彫りの人形を用いる人形劇ワヤン・ゴレック *wayang golek*、板状の人形を用いる人形芝居ワヤン・クリティック *wayang klitik*、俳優が演じる芝居ワヤン・オランあるいはワヤン・ウォン *wayang orang* / *wayang wong*、仮面をつけた踊り手が演じる芝居ワヤン・トペン *wayang topeng*、などがある。

いずれの場合も、共通点は語り手（人形劇の場合には人形遣いを兼ねる）であるダラン *dalang* が上演を進行し、上演のすべてをとりしきることである。ダランの存在の有無は、ある芸能がワヤンであるかどうかを判断する指標となる得るだろう。また上記のような上演形態による分類に加えて上演する物語による分類も見られる。ジャワ島では古代インドの叙事詩ラーマーヤナとマハーバーラタを演じるワヤンを「ワヤン・プルワ *wayang purwa*（原初のワヤン、の意）」と呼ぶ。[1] この用語が存在することからもわかるとおり、ワヤンの物語の中で古代インドの叙事詩ラーマーヤナとマハーバーラタは重要な位置づけを持つ。インドの叙事詩を中心としてそこにジャワ島固有の物語群を加えた膨大なレパートリーがワヤンの上演の題材となる。

ワヤンの主な上演は誕生、割礼、結婚などの人生の節目に行う儀礼、田植え、収穫などの稲作農耕のサイクルにかかわる儀礼を中心とするさまざまな機会に行われる。ジャワ人の人生の諸段階において、また共同体での生活を営む上で、ワヤンの上演は不可欠となる。棟上げ式などの家の新築儀礼でも上演する。その他に政党の集会や団体の行事を含む祝い事などに際してもワヤンを上演する。中部ジャワでは宮廷の儀礼において上演する機会もある。個人が主催する儀礼の場合、主催者は金銭を支払ってワヤンの一座に上演を依頼する。したがってチケットを売ったり木戸銭を取ったりして上演をする形態は通常は行わない。ワヤンの観客は儀礼に招待されてやってくる人々と主催者の近隣の多くの人々である。

影絵の上演では招待客にはスクリーンの側に専用の席が設けられる。通常、主な招待客はスクリーンに映った影を観ることになるが、この他にも近隣の多くの住民がワヤンの上演を観にやってくる。彼らはスクリーンに映った影を観る場合もあるが、人形を操る人形遣いの側からも上演を観ることが

1　この他の名称としてはジャワ島の英雄譚を演じるワヤン・ゲドッグ *wayang gedog*、ムハンマドの叔父に当たるアミル・ハムザ王の物語を演じるワヤン・メナック *wayang menak*、などがある。これらのワヤンの種類については、第5章に記述する。

多い。中部ジャワの影絵の人形には細かな彫刻と鮮やかな彩色が施されている。人形遣いの側から人形たちの動きを観るのは影を観るのとは異なった臨場感がある。

影絵の人形に彫刻と彩色が見られるのは、影絵のもとになった上演形態に絵巻の絵解きの形態があるためであるともいわれる。この上演形態は現在でも地域によって見ることができる。[2] 絵巻の絵解きの上演では、語り手は絵巻を繰り出しながら該当する場面を棒で指し示して語りを展開する。

中部ジャワの影絵の人形　人形遣いの側から

中部ジャワのウォノサリ地域の一座によるワヤン・ベベルの上演

2　ただし、ワヤン・ベベルの上演では物語のレパートリーはパンジ物語が多い。中部ジャワのジョグジャカルタの王宮において二〇〇九年にワヤン週間が開催された際にウォノサリ地域からの一座がワヤン・ベベルを上演した。その際の物語もパンジ物語であった。

人形劇の場合にはスクリーンはないが、やはり観客は舞台に向かって人形を観る場合と人形遣いの側から人形操作を観る場合がある。またこの本では部分的に触れるのみであるが、バリ島でも影絵は頻繁に上演される。

いずれの場合も観客は人形遣いの技を楽しみ、上演を通して物語の世界に入っていく。ジャワ島とバリ島の人々はさまざまな儀礼に際して頻繁にワヤンの上演に触れることになる。ワヤンの物語とその登場人物たちの織り成す人間模様は、ジャワ島やバリ島の人々にとって架空の世界の出来事にとどまらず現実の日常世界に密着する重要な要素である。

この本で特に焦点を当てるのはジャワ島中部の影絵と西部の木彫りの人形劇である。これらの芸能の上演はジャワの人々の思想、世界観、人生観、行動様式に多大な影響を与えている。すでに述べたように古代インドの叙事詩ラーマーヤナとマハーバーラタは影絵と人形劇の主要なレパートリーを構成する。これらの叙事詩を題材とするワヤンはヒンドゥー王国マジャパイトの時代に成立したが、現在の上演形態に近いワヤンができたのは十六世紀頃とされる（松本 1982 : 20-22, Mulyono 1982: 81-97）。この時代にジャワ島にイスラームを布教した聖人の一人スナン・カリジャガ *Sunan Kalijaga*[3] がワヤンの上演形態を改革しワヤン上演を通してイスラームを布教したとされる。ヒンドゥーの叙事詩を演じる芸能を用いてイスラームを布教するという矛盾的プロセスの中でヒンドゥーの叙事詩はジャワ的な解釈を加えられ独自の形へ変化した。ジャワのワヤンに登場する道化役者たちのキャラクターもスナン・カリジャガの創作として知られている。ワヤンにおけるヒンドゥーの神々はときとして不用意な言動によって世界に混乱を引き起こす存在として描かれる。このようにワヤンの物語の中ではイスラームの宗教的権威のもとでヒンドゥーの神々の位置づけが貶《おとし》められてきたという側面も見られる。古代インドの叙事詩がジャワ島に伝播し変遷を遂げた過程の中でジャワの人々はインドの叙事詩を受

3 スナン・カリジャガはジャワ島にイスラームを布教した九聖人ワリ・サンガ（ワリ・ソンゴとも呼ばれる）*wali sanga* の一人として知られている。その神秘的な力に関するエピソードは多く、インドネシアではスナン・カリジャガについての映画も作られている。

容しつつ独自の解釈を加えて新たなヴァージョンを創り出した。ワヤンという芸能が布教の一つの手段となった事例はこの他にもあり、現在でも希少ではあるもののワヤン・カトリック *wayang Katolik* やワヤン・ブッダ *wayang Buddha* と呼ばれるワヤンのように、イスラーム以外の宗教の布教手段として演じられたワヤンも存在する。[4]

西ジャワの人形劇

バリ島の影絵の上演

4　ワヤン・カトリクの別名はワヤン・ワフユといい、「天啓のワヤン」を意味する。旧約聖書や新約聖書を物語の素材として今日でも教会などで上演が見られる。この他にシャハダト（信仰告白）に由来するワヤン・サダトもある（松本 1994: 162-167）。

1・3　この本の構成

この本の具体的な構成は以下のとおりである。1・4ではワヤン上演について概説的に記述する。舞台や上演時間などを含む実際の上演の様子を提示した上で、上演をリードする存在である人形遣いについて、現在のジャワ社会におけるワヤンの位置づけについて考察する。

第2章では古代インドの叙事詩ラーマーヤナを取り上げ、ジャワ島への伝播のプロセス、ジャワ島独自のラーマーヤナの特徴について考察する。この叙事詩はアヨーディアー国のラーマ王子がランカー国の魔王ラーヴァナと戦って誘拐された妻シーター姫を取り戻すという内容である。影絵と人形劇におけるラーマーヤナは十六世紀以降に書かれた書物『スラット・カンダ』の影響を受けた「近世的」な系統であり、一般に広く知られているラーマーヤナとは一線を画す錯綜した物語であるとされる（青山 1998：140-150）。またラーマーヤナはジャワ島における観光芸能の主要なレパートリーでもある。観光芸能の中ではインドのラーマーヤナに近い「古典的」物語が上演され、ジャワあるいはインドネシアを代表する物語として親しまれている。

第3章ではもう一つの古代インドの叙事詩マハーバーラタを取り上げる。この叙事詩はバーラタ族の後裔《こうえい》パーンダヴァ五王子とカウラヴァ百王子の大戦争を軸に展開する。従兄弟同士である両者は十八日間の大戦争を起こし多くの犠牲者を出すが、最終的には善を重んじるパーンダヴァ側が勝利する。この叙事詩の内容を概観しジャワ島のマハーバーラタの特徴を考察する。ジャワ島の影絵と人形劇にはマハーバーラタの膨大なレパートリーが見られる。その背景には主要な登場人物群をクローズアップした演目群が多いこと、また大戦争というテーマが物語の中心的な位置づけを持つことなどの要因があると考えられる。観光芸能で普及したラーマーヤナとは異なり、マハーバーラタは小説、演劇、舞踊などの創作作品の源泉として広く用いられてきた。これはマハーバーラタの中心的テーマである親族同士の確執《かくしつ》と争いという題材が人間の生きることへの根元的な問いとして常にクローズアップされてきたためであると考えられる。こうした創作の源泉としてのマハーバーラタについても考察する。

第4章ではワヤン上演の特質に焦点を当てる。上演の中では叙事詩や物語を通しで演じることはなく、物語の一部分のみを構成の決まった完結した「演目」として演じる。演目はワヤン上演における重要な構成要素である。また演目における上演の展開プロセスを理解するためには物語の登場人物の特徴的な「性格」を考察する。また演目における上演の展開プロセスを理解するためには物語の登場人物の特徴的な「性格」カテゴリーの提示が重要な要素となる。これらの「性格」カテゴリーを検討し登場人物の類型化された「性格」の特徴を考察する。

第5章では書かれた物語テクストについて考察する。ワヤンの物語世界は上演の中で口頭伝承によって語られ伝えられるテクストとともに、書物などの書かれたテクストとも関連を持つ。書かれたテクストは上演の中で台本のような形で直接引用されるわけではないが、書かれたテクストを読むことによって人形遣いや観客をはじめとする多くの人々が物語についての知識を深めている。物語世界の認識という点では両者のテクストは相互に関連している。特に一九六〇年代から八〇年代にかけてインドネシアの人々にインドの叙事詩の内容を広く普及させたテクストの事例としてワヤン漫画 *komik wayang* を取り上げてその特徴について考察する。

第6章では附論としてワヤンの上演を支えるジャワ島固有の物語群を取り上げる。古代インドの叙事詩の他にもジャワ島由来の多くの物語群がワヤンのレパートリーを構成している。演じる物語群の棲《す》み分《わ》けはある程度までワヤンのジャンルの違いにも由来している。ジャワ島固有の英雄譚《たん》とされるパンジ物語、ダマル・ウラン物語、魔除けの物語、稲の起源神話や土地の起源神話などの内容と特徴を検討し、それぞれの物語が演じられるワヤン芸能についても考察する。

第7章では結論としてワヤンの上演とその物語世界との関連について考察する。

1・4　ワヤンの上演

現在、ワヤンはジャワの社会におけるさまざまな儀礼や行事の中で上演される。上述のように誕生、割礼、結婚などの人生にかかわる儀礼、また田植えや収穫などの稲作農耕に関る儀礼の中で頻繁に上演される。上演の機会によって演じる物語のレパートリーはある程度決まっている場合もある。たとえば初産の妊娠七ヶ月に行う儀礼であるティンケバン *tingkeban*（あるいは地域によってミトニ *mitoni* と呼ばれる場合もある）[5]や、新生児の臍の緒を切る儀礼ププット・プセル *puput puser* においては、マハーバーラタに登場する英雄ガトートカチャの誕生を描く演目である「ジャバン・トゥトゥカ *Jabang Tutuka*」やラーマーヤナに登場するシーター姫の誕生の演目などが好まれる。また結婚式であればマハーバーラタ物語の美男子の武将アルジュナの結婚を描く演目「パルタ・クラマ *Parta Krama*」などが好まれる。一方収穫後の村の儀礼であるブルシ・デサ *bersih desa* をはじめとする水稲耕作にかかわる儀礼においては、稲の女神デウィ・スリに関するジャワ島固有の演目群が上演される。このようにワヤン上演はジャワ社会において各種の儀礼を遂行するために必要なものとして位置づけられてき

5　ミトニの語源は、七を意味するピトゥ *piu* であるとされる。通常は初産の妊娠七ヶ月の儀礼はティンケバンと呼ばれ、出生後七ヶ月の儀礼を七に由来するピトナン *pitonan* という名称で呼ぶ（Geertz 1976 : 38-50）。だが筆者の調査地のチルボンでは、初産の妊娠七ヶ月の儀礼をミトニあるいはマミトゥと呼んでいた。

た。

以下に中部ジャワの影絵と西ジャワの人形劇を例に上演について概略的に記述する。影絵はスイギュウの皮から作った人形を用いて人形の影をスクリーンに映し出して上演する。人形には細かな彫刻とともに鮮やかな彩色が施されている。スクリーンに映る影には色はついていないが、スクリーンを通さずに人形遣いの側から直接、人形を見て上演を楽しむ観客も多い。人形劇の人形は木製の棒操りで、人形の首と肩と肘が動く構造になっている。西ジャワの人形には足がないが、胴体に衣装をつけ胴体を貫く芯棒と手につけられた棒を操ることで、あたかも足があるかのように操作される。

西ジャワの人形劇の人形　台の上に立てて置かれている

影絵と人形劇は一人の人形遣いが率いる一座によって上演される。一座には十数名の音楽家と歌手、人形遣いの補佐（上演中に必要な人形をそろえて人形遣いとの受け渡しを行う係）がいる。上演にはガムラン *gamelan* と呼ばれる音楽を演奏する。ガムランは鉄琴やゴングなどの金属打楽器を中心に太鼓、笛、コキュウ、木琴、男性と女性の歌などが加わるアンサンブルである。

上演は一夜を徹して行う。夜八時頃にガムランの演奏が始まる。人形の影を映し出すスクリーンの土台は高低のある二本のバナナの幹で、多くの人形がスクリーンの両端に突き刺して並べてある。人形劇の場合にはスクリーンを用いないが、やはりバナナの幹が舞台となりその両脇に人形を突き刺して並べる。舞台の中央にはグヌンガン *gunungan* と呼ばれるものが立てられる。グヌンガンは「山のようなもの」を意味し、上演中に、山・木・岩などの自然物を表すものとして使われるほか、場面転換を知らせる「幕」としての機能を持つ。上演の最初と最後にはグヌンガンがスクリーンの中央に立てられる。ガムランの演奏が一時間ほど続いた後、人形遣いが登場してスクリーンの前に座る。ここから物語の上演が始まる。人形遣いは物語の各場面を描写した詩を朗誦し、その他に地語りも行う。そして上演の間、登場するすべての人形を一人で操り、声色を変えてすべての登場人物の台詞を語る。幕開きをはじめ上演の随所に見られる主要な登場人物たちの舞踊は、人形遣いの人形操作の腕のみせどころとなっている。男女の恋愛、年長者への敬意、武将としての心得などを語り、勇者の戦死の場面では緊迫した雰囲気の中で悲壮な朗唱や語りを展開していく。真夜中付近の時間帯には道化役者が登場する場面もある。人形遣いはさまざまな時事的話題を盛り込んで滑稽な演技と語りを披露するとともに従者としての道化役者の台詞を通して物語の主人公に生き方や人としての振舞い方を諭し、戦いについての示唆的なコメントを述べる。[6] 人形操作の技とともにこれらの語りの妙技も観客の関心の的となる。すぐれた演技のみならず道化役者の語りに観客の拍手や指笛が起こることも多い。上演を通して人形遣いはガムランの演奏者に指示を与えながら合奏もリードする。ガムラン音楽は影絵の中で登場人物の性格、行動、場面の変わり目や雰囲気などを表現する。また上演時間の推移とともに演奏する調を段階的に変化させて一晩の上演の時間の流れを創り出す機能も持つ。ガムラン音楽は上演の伴奏音楽にとどまらず上演の重要な一部分となっている。上演は明け方の四時頃に終わる。最後

6 真夜中付近の時間帯に上演する道化役者の登場する場面は、ジャワではゴロ・ゴロ *gara-gara* と呼ばれている。西ジャワではバニョラン *banyolan* あるいはトゥマリティス *tumaritis* と呼ばれる場合もある。

の場面の登場人物たちがそろって会話が終了したところで、場面の中央に再びグヌンガンが立てられ上演が終了する。

中部ジャワのガムラン　写真：福岡正太

西ジャワのガムラン

上演終了の場面　人形劇

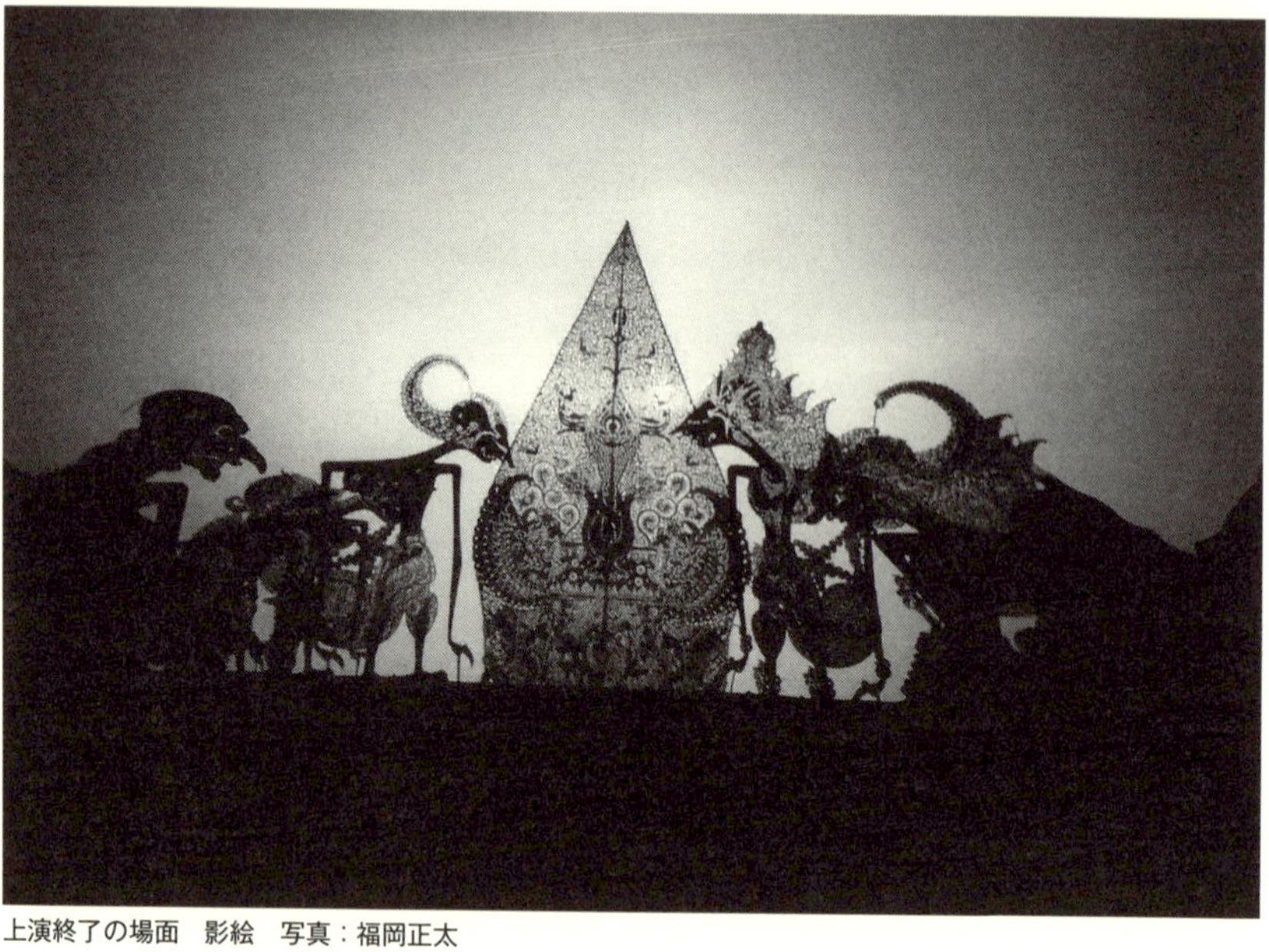

上演終了の場面　影絵　写真：福岡正太

1・5　上演を取りしきる人形遣い

一晩の上演を通して、人形遣いは最初に座った場所を離れることなく上演を一人で取り仕切る。人形遣いはワヤンという芸能を演じる人であるだけでなく、さまざまな儀礼を行う祭司としての役割を担うこともある。ジャワでは儀礼の種類によって特定の芸能上演が決められている場合がある。ワヤンに関しても後述する厄除け儀礼のように上演が不可欠とされる儀礼がある。人々はこうした芸能の力をかりて儀礼を無事に終了させることができると信じている。儀礼に伴う上演をとどこおりなく終了させるために人形遣いは並外れた技術と精神力を身につける必要がある。多くの人形遣いは定期的な断食、墓地や聖地での瞑想などを通して、自己の内面の道を極める修行を行う。またすぐれた人形遣いは語りや人形操作のみならず歌や音楽の演奏、踊りにも長けている場合が多い[7]。

通常、人形遣いは人形遣いの系譜の出身である。このようにある特定の系譜を引いていることをジャワでは、「降りる」という意味の *turun* に由来するトゥルナン *turunan* あるいはカトゥルナン *katurunan* という言葉で表現する。人形遣いは多くの場合男性の仕事であるが、地域によっては女性の人形遣いも存在する。親や兄弟が人形遣いやガムランの演奏者という環境の中で上演を見ながら過ごし、多くの人形遣いはその技を習得していく。人形遣いの中には自分の家系図を保管あるいは暗記しており祖先とのつながりを強調する人も多い。たとえばジャワ島北岸チルボンの人形遣いには、自らの系譜の源に「パンゲラン・パングン *Pangeran Panggung*」という人物を置き、その芸を継承することを誇りとする者が多い。パンゲラン・パングンはジャワ島にイスラームを普及させた九聖人の

7　人形遣いは、踊りに長けている場合が多い。後に第5章で記述する中部ジャワ・クラテン県の仮面舞踊ワヤン・トペンにおいては、踊り手のほとんどが影絵の人形遣いでもある。

一人であるスナン・カリジャガ *Sunan Kalijaga*（一説にはその弟子）だとされている。

このような人形遣いの系譜は特にルワタン *ruwatan* と呼ばれるジャワの厄除け儀礼の中で重視される。この儀礼では「ムルワカラ」と呼ばれる物語を上演する。物語の内容は魔物バタラ・カラの誕生の経緯とバタラ・カラの食べ物となる人間のカテゴリーに関するものである（詳しい内容については第6章に記述する）。演目の中で魔物バタラ・カラが人形遣いに対して、魔除けの上演を行う資格の有無について問いただす場面が挿入される。これは魔物に扮する人形遣い自身の自らへの問いかけである。この場面で人形遣いは自らの系譜を魔物バタラ・カラに教えることを通して自分が厄除け儀礼のワヤンを上演するのに相応しい系譜を持つ人形遣いであることを観客に対してアピールする（Groenendael 1987: 86）。中部ジャワでは数字の七が儀礼的に重視されているため特に七代以上続く人形遣いの系譜を持つことが望ましいとされる。

影絵の人形遣い　写真：福岡正太

ルワタン儀礼は人形遣いの系譜が重視される特別な例であるが、通常の上演においても人形遣いの系譜はやはり重視される。父親が有名な人形遣いである、あるいは兄弟も人形遣いである、ということは観客もよく知っており、そのことがその人形遣いの芸術家としての正統性を示す要素でもある。

ジャワ島中西部北岸の港町チルボンでは、前述のようにパンゲラン・パングンと呼ばれる芸術家の始祖が知られており、多くの人形遣いや仮面舞踊手が家系図の源としてパンゲラン・パングンなる人物について言及し、自らの芸術家としての由緒正しい出自を強調する（福岡 2002：93-98）。

西ジャワで圧倒的な人気を誇り一世を風靡《ふうび》した人形劇の遣い手アセップ・スナンダール・スナルヤ *Asep Sunandar Sunarya*（一九五五～二〇一四）はバンドン南東部ジェレコン出身の人形遣いの一族である。この一族は「ギリ・ハルジャ *Giri Harja*」というグループ名で知られており、アセップの父親A・スナルヤ（一九一八～一九八八）がインドネシア独立後から一九七〇年代にかけてめざましい活躍をしたことで知られている。スナルヤは特徴的な怪物たちのキャラクターを多く登場させ、後年は政府の汚職を批判する語りの妙技でも有名になった（Weintraub 2004：242）。スナルヤのこどもたちはアセップを含めて四人がプロフェッショナルな人形遣いとして活躍し、現在はそのこどもたちの世代の人形遣いが多く活躍している。

系譜に加えて、人形遣いたちは技と精神力を身につける必要がある。常に年長者の舞台上演に同行し上演に部分的に参加することを通じて、多くの人形遣いたちは舞台を体験しつつ技を習得する。はじめのうちは演奏の比較的平易な楽器などを担当し、次第に経験を積んでいく。人形遣いの系譜の出身であるということは、このように技の習得が容易となる環境が整っていることを意味する。多くの人形遣いは定期的に断食や瞑想などを行い、自らの内面を培うための修行も怠らない。食事や睡眠を制限し墓地や聖地などにおもむき瞑想を行う、という修行を実践する。これらの行いを通して自らの内面の道を究めることはクバティナン *kebatinan*（「内面の道」の意）と呼ばれる信仰における実践の一形態としてジャワ人一般にも見られることが指摘されている（関本 1986：386-387）[8]。特に人形遣いを

8　ジャワのクバティナンに関する研究の中で、関本は神秘主義の農村的実践形態の一つとして調査地の多くの村人たちが「クバティナンをより具象的・感覚的なイメージで理解している」と述べている（関本 1986：390）。ジャワの芸能者たちにはこうした傾向が強く見られ、断食や瞑想を通して芸人としての日常に何らかの具体的な効果を期待することが多い。

含む芸術家にはこうした修行の実践を行う人たちが多い（cf. 福岡 2002）。

近年ではこのような「伝統的な」やり方による芸の伝承形態が少なくなりつつあり、中には芸術大学の人形遣い養成科で芸を習得する人たちもいる。近代教育機関における伝承によって今後は人形遣いの芸の伝承方法も変遷を遂げていくと考えられる。

人形遣いが見せる卓越した人形操作や語りの妙技はこのような系譜や修行の中で培われてきたものだと言えるだろう。人形遣いは自らの系譜や修行の実践のゆえに芸術家としての技や知識を占有している特別な存在である。上演の中では人形の動き、歌や音楽、道化の演技、戦いの場面などを通して人形遣いとしての技を披露する。また時代を反映する話題や社会問題などを織り交ぜて語りを展開する。彼らは登場人物の語りや行動を通して叙事詩や物語の世界に観客を導くとともに、人間が何をなしどこへ行くべきかという人生の根元的問題をも説いていく。ワヤンの舞台は人形遣いが人々を導く場であり、人生観、価値観、美意識、社会的教訓を育てる場でもある。

1・6　現代ジャワ社会におけるワヤンの位置づけ

ワヤンの上演は前述のようにジャワの社会において儀礼や行事の際に頻繁に行われるだけでなく、ジャワ人の日常生活における考え方や行動様式にも多大な影響を及ぼしている。登場人物たちの行動パターンや生き方は日常的な場や社会生活の場における言説として常に人々の生活と重ね合わせて理解されしばしば話題にのぼる。

人々に広く知られる言説の事例としてマハーバーラタの登場人物の武将カルナを挙げることができる。カルナはパーンダヴァ五王子の異父兄弟でありながら恩義を受けた敵方カウラヴァのために戦い、最期には異父弟アルジュナに斃《たお》される。この登場人物はジャワの人々にとっては忠誠心にあふれた模範的人間像として受け取られている（ハルジョウィロゴ 1992：56-58）。インドネシア共和国の初代大統領であったスカルノの名前もカルナに由来するとされる。カルナと異父弟アルジュナとの兄弟対決の演目「カルナの一騎打ち *Karna tinanding*」は影絵や人形劇の中で観客の涙を誘う感動的演目として知られる。カルナはインドにおいても人気の高い登場人物とされる。前川輝光はインドのマハーバーラタに関する研究の中でカルナの物語を考察している（前川 2006：65-82）。生まれてすぐに母に捨てられ御者に拾われて育ったカルナは本来の身分であるクシャトリア（武将の階級）であることを知らずカースト差別に苦しむ経験をする。才能もあり武芸の達人でもあったカルナが差別に苦しみ最後には戦死するという悲劇的一生を送ったことは多くのインドの人々の共感を得ている（前川 2006：79-82）。

一方で推奨されない事例に関する言説としてはラーマーヤナのヴィビーシャナが挙げられる。兄である魔物ラーヴァナの悪事を常に諫めついにはラーマ王子の軍勢にねがえってしまうラーヴァナの弟ヴィビーシャナは、あまり好ましくない人物とされる。悪者であるとはいえ、実の兄を裏切って対立するラーマの陣営に組することは、恩義と忠誠を重んじるジャワ人にとっては評判が良くない。ジャワ人は兄のために戦死を遂げたラーヴァナのもう一人の弟クンバカルナの方に軍配を挙げる。

この他にインドではそれほどクローズアップされていないのに対して、ジャワのマハーバーラタの武将ビーマやその息子ガトートカチャは人気が高い。ビーマはパーンダヴァ五王子の二番目の武将で、やや粗暴ではあるが風神バーユから受け継いださまざまな力を持つ不屈の戦士である。特にジャワでは哲学的に高い境地へ至った人物として描かれる。ビーマが人間の生きる意味を知るに至った経緯を物語るジャワ独自のエピソード「デワ・ルチ」はよく知られている。この物語の詳細については後の第3章で記述する。ビーマと怪物の国の王女ヒディンビの間に生まれたガトートカチャは正義感あふれる剛勇の武将であり、バラタユダの大戦で先述の敵将カルナと戦って命を落とす。ガトートカチャの犠牲は結果的にパーンダヴァ軍に勝利をもたらすこととなった。そのため彼の戦死はインドネシアの独立戦争で戦った多くの名もなき英雄たちの死にもたとえられ、国家建設の歴史と重ね合わせて語られることが多い（Weintraub 2004 : 110-111、cf. Anderson 1996）。

ワヤンの登場人物たちの名前や多くの別名は人名として採用され、会社、レストラン、特急列車などの名称としても用いられる。書店でもワヤンの物語に関連する書物を見ることができる。近年、都市部を中心にイスラーム思想の再興が見られるという背景もあり、ジャワ島の書店ではイスラーム関連の書物が主要なスペースを占めている。だが物語のコーナーにはワヤンの源泉となるヒンドゥーの物語の本も見られる[9]。これらは物語の筋を記したものだけでなく、登場人物についてクローズアップしたものもある。また古典的なワヤンの物語に着想を得た小説も書かれている。

このようにジャワでは日常的言説の中でワヤンの登場人物たちの行動パターンや生き方が伝承されている。また国家の政治的言説の中でワヤンの物語や登場人物が取り上げられる機会もあり、その意味でインドネシアの人々にワヤンは知られていると言えるだろう。

人々はこうした日常的言説を通して古代インドの叙事詩やジャワの説話の内容をある程度までは知っている。ワヤンの観客は物語の内容を知りながら人形遣いが展開する上演を通して自分の認識を再確認し新たな知見を得るというプロセスを繰り返していく。

現在ではワヤンの上演もさまざまな側面で多くの変化を遂げている。一九七〇年代から八〇年代にかけてワヤンの上演はライブの他にラジオやカセットテープを通して楽しまれることが多く人々はワ

9　こうした状況は、ジャワ島に隣接するバリ島ではやや異なっているようだ。バリ島の書店ではヒンドゥーの叙事詩に関する書物はより中心的なスペースを確保している。第5章で取り上げるR・A・コサシのワヤン・コミックもバリ島の書店には多く見られる。

ヤンの「音の世界」に触れる機会が多かった（関本 1994：80-93）。この「音」は人形遣いの語りや台詞そして音楽や女性歌手の歌などを含むものであるが、やはり人形遣いの語りの妙技が注目される要素である。カセットテープがワヤンにもたらした大きな変化はカセットを通して特定の人形遣いに人気が集中する現象が起こったことだろう（関本 1994：88-93）。中部ジャワでは特に声の演技に定評のあったナルトサブド *Nartosabdho*、アノム・スロト *Anom Suroto* などの人形遣いがラジオやカセットテープを通して多くの人々に知られるようになった（Keeler 1992：69, Mrazek 1999：108）。伝統的にはジャワの村落社会では人形遣いの上演のなわばりのようなものが存在し、村のための人形遣いも存在していた。[10] しかしカセットテープの普及により特定の人形遣いに人気が集中し上演依頼の費用も高額になり、人気のある人形遣いに上演を依頼するのは困難になった。ワヤンを上演するには多額の費用がかかるため、中にはワヤンを上演せずカセットテープをスピーカーで流すということも行われる。また費用が高額になったためワヤンの主催者が個人だけではなくなり、政党や企業などの多くの団体が有名な人形遣いに大規模な上演を依頼する機会も増えている。

一九八〇年代以降はテレビというメディアによってワヤンを楽しむ機会が増えていった。人形遣いにとってもテレビに出演することは自らの人気を高める重要な機会となっている。テレビでの上演では視覚的要素がますます強調される傾向がある（Mrazek 1999：99-128）。たとえば現在ジャワ島で非常に人気のある影絵の人形遣いキ・マンタップ・スダルソノ *Ki Manteb Soedarsono* は、「見せる人形遣い」の第一人者としてカンフー映画などに着想を得た独自の人形操作で人気を博している（小池 1998：148）。彼はその妙技で多くの人々に知られ、「ダラン・セタン *dalang setan*、魔の人形遣い」の異名をとる。二十四時間ノンストップのワヤン上演を行い、インドネシア各地を飛行機で飛び回る多忙スケジュールをこなすなど、話題の尽きない人形遣いである。また中部ジャワのジョコ・エダン通称「ク

10　伝統的にはワヤンの人形遣いは呪的・神秘的力を持つとされており、それによって儀礼がとどこおりなく終了するとされてきた。人形遣い自身が呪医としての能力を持つ場合もある。西ジャワ出身の研究者エンド・スアンダによれば、以前は各村に農耕儀礼などを行う際の専属の人形遣いが存在していた。人形遣いのいない村では家や土地などを提供して人形遣いを呼び寄せることもあったという（E Suanda 1983: 22-23）。そうすることによって芸能とその担い手が有するある種の呪力を村に取り込もうとしたと考えられる。人形遣いの上演範囲は、自分の村とその周辺が多かった。

レイジーなジョコ *Crazy Djoko*」の上演では、ステージの上に踊り手が登場して東ジャワや西ジャワのポピュラーな舞踊や「西洋風の」踊りや歌を披露する場面もある（Mrazek 1999：83-84）。

西ジャワの人形劇の人形遣い、アセップ・スナンダール・スナルヤ *Asep Sunandar Sunarya* は、声の魅力もさることながら人形操作の妙技でも人気を博した。アセップには多くのコマーシャルカセットテープもあるが、彼はテレビにも積極的に出演したことで知られている。西ジャワではアセップのワヤンがあると耳にすると、多くの群集が詰めかける。雨などで上演が中止になると集まった群衆が騒然となることもあった。アセップは上演の最初の場面に登場する従者マクタル *Maktal* の人形を自分の顔に似せて作らせ、人形遣いの腕の見せ所であるマクタルの舞踊でさまざまな妙技を披露した。人形劇の中では英語の台詞を使ったり、一九八〇年代には当時のテレビで流行していた日本の仮面ライダーブラックを模した「黒い鋼の騎士 *Satria Baja Hitam*」を登場させた。戦いの場面にはスローモーションの場面を効果的に演出するなど斬新な手法でも知られていた。

二〇〇〇年代になってからはパーソナルメディアの小型化や低廉化によって、視覚的情報を含むさまざまな情報が人々に広く共有されている。ヴィデオＣＤなどのメディアも多く売り出されており、またYoutubeに上演をアップしている人形遣いも多い。

このようにさまざまなメディアの出現によりワヤンの上演も変化を遂げている。ある特定の人形遣いのみに人気が集中したり上演の視覚的な側面が強調されたりすることを「伝統的な」ワヤンの破壊であり上演の質の低下であると指摘する声も一方にはある。ワヤンはさまざまな変化を遂げつつ現代のジャワ社会に根付き、依然として多くの人々に影響を与えている。先に述べたようにワヤンの物語に着想を得た小説や創作なども見られる。書かれたテクストだけでなく演劇や舞踊や美術作品などにおける創作作品の題材としてもワヤンにおける物語は普遍的なテーマとしての位置づけを持つ。これらの作品を理解するためにも、ワヤンの登場人物設定や主要な登場人物の生い立ちを知ることは必要となる。ワヤンの物語や登場人物についての理解を深めることによって、ジャワの人々の考え方や行動様式、また現在のインドネシア社会についてより深く知ることができると考えられる。

コラム1
バリ島のワヤン

影絵はバリ島でも盛んに上演される。バリ島のワヤンは十三世紀ヒンドゥー王国マジャパイトの時代にジャワ島からバリ島へ渡った人々がもたらしたとされ、その後イスラーム化したジャワ島よりも古い形を残すとされている。バリのワヤンはさまざまな面でジャワ島のものとの違いを見ることができる。ジャワ島の影絵人形は人間を極度にデフォルメした形態であるのに対して、バリ島の人形はより人間の姿に近い形態であり、ワヤンの造形の面でも違いが見られる。

道化の人形もジャワ島のものとは異なる。ジャワのスマル、バゴン、ガレン、ペトルックに相当するのは、バリ島ではトゥアレン、ウェルダ、デレム、サングトという名前で、前二者が善の側の従者、後二者は悪の側の従者として登場する。

ジャワ島の影絵では、フル編成のガムラン音楽を用いるがバリ島の影絵では、グンデル・ワヤンという合奏形態を用いる。これは、共鳴筒のついた鉄琴を四台用いるアンサンブルである。物語の主たるレパートリーはマハーバーラタが多いが、ラーマーヤナを上演するときには、これにさらにシンバルや太鼓、ゴングなどを加えたより賑やかな編成となる。

バリ島の影絵　写真：福岡正太

第2章

ジャワ島のワヤンにおけるラーマーヤナ

2・1　ジャワ島のラーマーヤナ

この章では古代インドの叙事詩ラーマーヤナを取り上げる。ラーマーヤナは東南アジアの島嶼部と大陸部に広く普及し、書承による伝承にとどまらず演劇、人形劇、影絵、舞踊劇など多くの上演芸術のジャンルにおいても主要な題材となってきた。現在広く知られているラーマーヤナの大筋は、アヨーディヤーのラーマ王子が妃シーターをランカーの魔王ラーヴァナに誘拐され猿の軍勢の助けをかりてラーヴァナを倒しシーターを取り戻す、というものである。しかし各地域の多様な芸術様式においてラーマーヤナの筋立てや内容にはそれぞれ独自の特徴が見られる。[1] ここではジャワ島のワヤンと観光客向けの芸能に見られるラーマーヤナのさまざまな伝承について考察する。[2]

ラーマーヤナが広く東南アジアに普及にしたのと対照的に、もう一つの古代インド叙事詩マハーバーラタは島嶼部、特にインドネシアのジャワ島とバリ島に普及し独自の解釈を与えられ発展してきた。第3章で後述するようにジャワ島のワヤンにおいてマハーバーラタの豊富なレパートリーが生み出されてきた。通常、一回の上演では叙事詩の一部を成す特定のエピソードを演目とするが、マハーバーラタの場合には多くの特徴的な登場人物にまつわる創作の蓄積が見られ、その中にはマハーバーラタの本筋とはほとんど関係を持たず登場人物設定のみを用いたものもある。[3] これらすべてのエピソードを抱え込みマハーバーラタは現在までジャワ島のワヤンの中で膨大なレパートリーを形成している。一方ジャワ島のワヤンにおけるラーマーヤナは、より上演の頻度が低く創作のエピソードも少ない。マハーバーラタを土台とする演目が数百あると言われるのに対してラーマーヤナを土台とする

1　東南アジアの各地にさまざまな種類のラーマーヤナが伝承されており、その物語名も各地で異なる。ジャワではラマヤナ、タイではラーマキエン、カンボジアではリアムケーと呼ばれる。この論考の中では、個々の地域におけるラーマーヤナの名称を用いずに一般名称としてラーマーヤナという名称を用いる。

2　前述のようにジャワ島には、ワヤン *wayang* と呼ばれる上演芸術の多様なジャンルが存在する。この章では、これらのジャンルのうち、影絵、人形劇、舞踊劇に主として言及することが多くなる。特に影絵は単にワヤンと呼ばれることも多い。しかし厳密には舞踊劇も含めてワヤンという名称を冠する上演芸術のジャンルは多く存在する。したがってここでは一般名称としてのワヤンという言葉は用いずに、それぞれ影絵、人形劇、舞踊劇など、特定のジャンル名を用いる。また、影絵はジャワ島東部とバリ島にも伝承されている。考察の対象となる資料が中部ジャワと西ジャワに限られているため、ここでは中部ジャワと西ジャワのワヤンを取り上げるにとどめる。

演目は数十に限られるとされる（松本 1982：246-247、Foley 1979：270-274）。またマハーバーラタの登場人物の行動パターンや生き方などは人々の日常生活と重ね合わせて理解され話題にのぼることが多く、登場人物の名前を人名として使うことも頻繁に行われる[4]。しかしラーマーヤナの場合にはそのような事例は多くない[5]。その理由は多くの挿話や登場人物群を抱え込み複雑な筋立てを持つマハーバーラタに比べるとラーマーヤナは登場人物が少なく筋立ても明快であり、特徴的な登場人物が少ないためだと考えられる。

このようにジャワ島のワヤンにおいてラーマーヤナは比較的演目の数や上演頻度は少ないが多くの芸能の中で重要なレパートリーを占めてきた。後述するように、ワヤンにおけるラーマーヤナの演目には中部ジャワや西ジャワ独自のエピソードが多く含まれる。それらのエピソードを集積したラーマーヤナの独特な物語世界がワヤンの中で享受されている。またワヤンも含めて多くの芸能、特に観光芸能を通して広く受容されてきたこともジャワ島におけるラーマーヤナの特徴であると言えるだろう。現在のジャワ島における観光客向けの芸能の中でラーマーヤナは主要なレパートリーを形成している。観光芸能のラーマーヤナは「伝統的な」ワヤンに見られるジャワ島独自のエピソードとは異なる部分が多く、主人公ラーマが魔王ラーヴァナを倒して妃シーターを取り戻すという叙事詩の大筋を提示することが多い。このようなラーマーヤナの内容は数多くの登場人物が複雑な人間模様を成すマハーバーラタに比べるとはるかにわかり易いものであるだろう。一九三〇年代から徐々に始まり一九六〇年代から展開されていった観光という新たなコンテクストの中でラーマーヤナが主要な物語として採用された背景には、こうした筋立ての特徴もかかわっていると考えられる。またラーマーヤナには猿の武将や魔物が多く登場し、これらの登場人物の視覚的に際立った特徴が重視されたという要因もある[6]。さらに東南アジアの他地域とりわけ大陸部にラーマーヤナが普及し芸能ジャンルの主

3　ワヤンの演目は、ラコンlakonと呼ばれる。ラコンには、叙事詩の本筋に基づく演目である *lakon pakem* と人形遣いの創作の演目である *lakon carangan* とがある。

4　第1章で述べたようにマハーバーラタの登場人物名は、会社や乗り物やレストランなどの名称としても使われる。また登場人物名とその別名は、人名として用いられている。それに対して、ラーマーヤナは、主人公のラーマや猿の武将ハヌマーンなどを除くとそうした事例はあまり見られない。

5　ラーマーヤナの中で、社会的批評がなされる登場人物は、後述するラーヴァナの二人の弟クンバカルナとヴィビーシャナの対比である。ラクササのクンバカルナはラーヴァナの振る舞いをたしなめながらも兄に忠誠を尽くすのに対して、ヴィビーシャナは兄を裏切ってラーマの陣営に身を投じる。

6　このような傾向は、観光芸能のみならず海外公演を行う場合にも見られる。二〇〇三年に西ジャワの人形劇の一座が日本公演を行っ

要な源泉として広く知られていることも、観光芸能の中でラーマーヤナが採用される要因となるだろう。観光客の多くが東南アジアの他の国々でラーマーヤナに触れる機会が多いという想定のもとにインドにおける「真正な」ラーマーヤナに基づく物語を提示するという可能性も考えられる。

以下にジャワ島におけるラーマーヤナについて概観したのち、これらのそれぞれのジャンルにおけるラーマーヤナの内容を分析する。そして各ジャンルにおける物語の特徴について考えてみたい。なおジャワ島におけるラーマーヤナの登場人物名はサンスクリット名とは異なり地方による違いも見られる。たとえば魔王ラーヴァナは西ジャワではラワナと呼ばれ、中部ジャワではラウォノと呼ばれる[7]。この章では、記述が煩雑になるのを避けるために登場人物名は可能な限りサンスクリットのラーマーヤナにおけるものを踏襲する。ただし伝承を辿る過程の中で、ジャワ島にのみ存在すると思われる物語の場合には当該地域の登場人物名を用いる場合がある。

2・2　ラーマーヤナの二つの系統

ラーマーヤナの伝承に関する論考の中で青山亨はインドネシアのラーマ物語を二つの系統に分けて提示し、「古典」的グループと「近世」的グループという言葉を用いてこの二つの系統を説明している（青山 1998 : 140-150）。それによると「古典」的グループはヒンドゥー・ジャワ時代にはじめて伝来し現在まで伝承されている系統で、ヴァールミーキ作とされるサンスクリット語の七巻から成るラーマーヤナの構成に比較的忠実なものである（青山 1998 : 141）。これに対して「近世」的グループはイ

た際にも、猿の舞踊や多くの猿たちの活躍が外国人に視覚的にアピールするという前提のもとで演目が決定された。ラーマーヤナからは、猿の活躍が多く見られる「ラーマ大海を埋め立てる *Rama Tambak*」が採用された。

7　ラーマーヤナの登場人物名は、伝承された地域によって異なっている。中部ジャワでは、母音［a］は［o］と発音されるため、ラーヴァナはラウォノ（綴りは *Rahwana*）、ラーマはロモ（綴りは *Rama*）、シーターはシント（綴りは *Sinta*）と呼ばれる。西ジャワではおのおの、ラワナ、ラマ、シンタと呼ばれている。

スラーム到来以降にジャワに伝播したものでヴァールミーキ版に見られない要素を多く含む（青山 1998 : 142）。「近世」的とされる系統は十六世紀以降にジャワ島の北海岸地方にイスラームを基盤とする諸王国が成立した時期に作成された韻文作品『スラット・カンダ』*Serat Kandhaning Ringgit Purwa*（ワヤン・プルワの物語の書）に基づく。『スラット・カンダ』は四四〇詩篇からなる長大な韻文作品で、この作品には第二二詩篇から第八〇詩篇にいたるラーマ物語を含め当時流布したさまざまな物語が収められている（青山 1998 : 148、大野 1993 : 42-46）。

『スラット・カンダ』に収められたラーマ物語の特徴はラーヴァナの出生と悪行を語る部分が大きな割合を占めていることで、ラーマ登場以前にラーヴァナを制圧したアルジュナ・サスラバーフ王とラーヴァナとの戦いもこれに含まれる。青山はこの系統の物語の特徴として、①ラーヴァナの系譜を物語の前半に取り込み詳細に語っている、②シーターをラーヴァナの娘あるいはラーマの妹として位置づけている、③猿族の系譜を詳述しており中でもハヌマーンをラーマの息子としている、などの諸点を挙げている（青山 1998 : 142, 148-150）。

同様に大野徹はインドネシアにおけるさまざまな系統のラーマーヤナの比較研究を通して、『スラット・カンダ』における物語の特徴を挙げている（大野 2000 : 9-19）。『スラット・カンダ』に書かれているラーヴァナ誕生の系譜は、魔王クワチャ・インドラの曾孫としてラーヴァナが位置づけられる筋書きになっている。シーターはラーヴァナの妻（ダシャラタ王の妻の分身）バンドンダリの娘とされており、ラーヴァナ自身の娘でありラーマの妹として位置づけられる。また猿の武将ハヌマーンは『スラット・カンダ』においてはラーマの息子とされる。シーターを同行して郷里へ帰る途中、ラーマとシーターはある池で水浴すると猿の姿になる。猿に変身中にシーターは妊娠する。別の池で水浴して人間に戻ったシーターから胎児が取り出されて湖で苦行中の猿アンジャニに移され、アンジャニがハヌマーンを生むという設定になっている。[8] このように『スラット・カンダ』に基づく系統のラーマーヤナでは登場人物の間に錯綜した系譜関係が見られ、ラーマ以外の登場人物の活躍が目立つ。

現在のジャワ島におけるラーマーヤナの伝承においては、双方の系統の物語が並存し混在する。大まかな傾向としては、ワヤンでは主に「近世」的系統、舞踊劇では「古典」的系統が見られる。ただしワヤンの演目の中にも「古典」的系統の後代における翻案と「近世」的系統の物語とが混ざり合っている例も見られる。後述する中部ジャワの影絵におけるラーヴァナ誕生の物語は「古典」的系統の物語に基づいて十九世紀に翻案されたものであるが、このテクストは当時のジャワ島で流布していたジャワ神秘主義に焦点を当てた内容になっておりジャワ神秘主義とイスラーム主義との相克が見られるという解釈もなされている。この時代のジャワ島にはすでに『スラット・カンダ』も流布していたことを考慮すれば、「古典」的系統の物語であっても十六世紀以降の翻案や創作の内容とその解釈をめぐる言説には「近世」的系統の影響が見られる可能性もある。

また観光芸能の中で演じられるラーマーヤナが芸能ジャンルの系譜として「古典」的系統を引き継いでいるかどうか、という点に関しても明白ではない。[9] 観光客をはじめとするジャワ島の外部の人々に向けてラーマーヤナを提示する場合には、複雑な内容の提示や言語テクストの介在する表現方法は困難になる。したがって「近世」的系統の物語に見られるような錯綜した登場人物間の系譜や複雑な筋立ては敬遠される傾向にある。さらにインドをはじめ東南アジアの各国におけるラーマーヤナの普及を前提としてインドにおける「オリジナルな」ヴァージョンの物語を土台とする必要が生じた可能性もある。観光客向けの上演には主として「古典」的系統の簡潔な筋立てが見られるが、そのような筋立て自体が観光という新たなコンテクストのもとで再編されたものだととらえることもできる。[10] いずれにしても現在のジャワ島においては「古典」的系統と「近世」的系統のラーマーヤナを含む

8　2・3・3において後述するように、一説にはハヌマーンはアンジャニと天界の最高神バタラ・グルの間の息子とされる（松本 1993: 264）。

9　この論考で取り上げる観光芸能は、舞踊劇スンドラタリと観光用の影絵である。スンドラタリでは「古典」的系統のラーマーヤナを演じるが、その母体であるとされている舞踊劇ワヤン・ウォンのラーマーヤナは、影絵のレパートリーとも共通点がある。リンゼイによると、一九八一年に教育文化省の主催でジョグジャカルタにおいて演じられたワヤン・ウォンの演目は「ラーマ転生する Rama Nitis」となっている[Lindsay 1991: 157-194]。これは後述するようにラーマーヤナとマハーバーラタをつなぐ演目として位置づけられるものであり、影絵のレパートリーと共通するものと考えられる。したがって現在のスンドラタリのレパートリーが「古典」的ラーマーヤナであることは、ワヤン・ウォンのレパートリーを引き継いだ結果というよりは、新たなジャンルの創作にともなって「古典」的なラーマーヤナを採用した結果であると考えられる。

さまざまなヴァージョンのラーマーヤナが存在する現状がある。

2・3　ワヤンにおけるラーマーヤナ

2・3・1　演目のレパートリー

ジャワ島のワヤンにおけるラーマーヤナの演目について以下に記す。現在、中部ジャワの影絵の演目群は三つのグループに分けることができる。第一のグループはラーヴァナの誕生をめぐる物語を中心に王国ロカパラの周辺を舞台とする演目群である。第二はラーマ以前の時代にラーヴァナを制圧したアルジュナ・サスラバーフ王とその臣下スマントリの物語群である。第三はラーマをめぐる物語群で、ヴァールミーキ作とされるラーマーヤナにほぼ相当する物語群である。松本亮は上記の三つの演目群から成る中部ジャワの影絵の演目総数を約二十としている（松本 1982 : 246-247）。一方で西ジャワの人形劇の研究をしたキャセイ・フォレイは、人形劇のラーマーヤナの演目の総数を五十三挙げている。ここではアルジュナ・サスラバーフの演目群二十三と、ラーマーヤナの演目群三十が挙げられている（Foley 1979 : 270-274）。

ジャワ島のワヤンのレパートリーの中では、ラーマーヤナの後にマハーバーラタが続く、というように語られた世界の間に年代的位置関係が見られる。これは十九世紀にジャワ島で活躍した宮廷詩人ロンゴワルシト *Ranggawarsita*（一八〇二〜七三）が『古の王の書』*Pustaka Raja Purwa* の中で影絵の物語群をクロノロジカルにアレンジした功績によるところが大きいとされる（Sears1991 : 64）。した

10　観光芸能を再編した際に依拠したラーマーヤナの舞踊劇については別稿（2009b）を参照。中部ジャワの舞踊劇スンドラタリの創作に当たっては、中部ジャワの宮廷詩人ヨソディプロ一世（1729-1803）による『ラマの書 *Serat Rama*』に依拠したとされる（Soeharso 1970 : 17）。これは「古典」的な系統のラーマーヤナとされる。

がって影絵や人形劇の演目の中にはラーマーヤナとマハーバーラタをつなぐ演目がいくつか存在する。これらの演目の中ではラーマーヤナの主要な登場人物たちがマハーバーラタの中に転生先を捜し求めて転生していくプロセスが語られる。松本は中部ジャワの影絵におけるラーマーヤナとマハーバーラタをつなぐ演目を挙げている。「ワヒュ・マクトロモ」においてはヴィビーシャナの四つの〝気〟がアルジュナに、クンバカルナの魂がビーマに入魂する。「ワヒュ・プルバ・スジャティ」においては、ラーマ、シーター、ラクシュマナがそれぞれクリシュナー、スバドラー、アルジュナに転生する（松本 1993 : 408-427）。ラーマーヤナからマハーバーラタへのクロノロジカルな位置づけが明確にされていることはジャワ島のワヤンにおける特徴的な要素である。

また中部ジャワのワヤンにおいては猿の武将ハヌマーンがラーマーヤナとマハーバーラタの双方の物語にまたがって生き続ける。松本によれば、影絵におけるラーヴァナとラーマの戦いの演目ではラーマがラーヴァナを倒すのではなく苦戦するラーマを見た猿の武将ハヌマーンが山を引き抜きラーヴァナに投げつけてその下敷きにして倒すという内容が見られる。ラーヴァナを射るための矢をつがえたままのラーマはハヌマーンの余計な手出しに怒り八代のちまで生をまっとうしなくてはならないと呪詛する（松本 1993 : 398）。中部ジャワの影絵ではハヌマーンはラーマーヤナからマハーバーラタを経てパーンダヴァの五世代のちまで生き、最後の演目とされる「マヤンコロ」において昇天する（松本 1993 : 427-435）。

すでに述べたように十六世紀頃に成立したとされる『スラット・カンダ』に収められた物語群はヴァールミーキ作とされる「古典」的系統の物語にはない多くの要素を含み、その標準的な伝承は存在しない（青山 1998）。さまざまな要素を含むこれらの錯綜した物語は現在、主としてワヤンのレパトリーを構成している。これらの演目における物語の内容はときとして複雑で難解であり、古ジャワ語を解し、かつ錯綜した物語を好むジャワ人やスンダ人によって占有されている側面がある。したがって地方語であるカウィ語やジャワ語・スンダ語などの地方語による表現に支えられている。

2・3・2　ワヤンにおけるラーマーヤナの「古典的」レパートリーの演目

以下に広く知られる「古典的」レパートリーの演目例として「ラーマ大海を堰《せ》き止める」を挙げる。これは猿の軍勢の活躍が多く見られ、見ごたえのある演目として知られている。またインドネシアにおける政治的言説の中でも言及される代表的演目である。この演目はインドネシア共和国第二代大統領スハルトの「新秩序 *orde baru*」体制成立直後のインスピレーションの源となった演目とされている（小池 1998：149、Kompas紙 一九九八年一月十九日）。猿の武将たちの活躍が描かれるこの演目は、一九九七年以降に経済危機を乗り越えようとスハルト大統領自らが多額の助成金を投入してジャワ島の七ヶ所で上演させた演目としても知られる。演目のあらすじは以下のとおりである。

妻シーターを魔王ラーヴァナにさらわれたラーマは、猿の軍勢の助けをかりてシーター救出に向かう。ラーヴァナのいるランカーの国へ行くために、大海を埋め立てて道を作る。その途中でラーヴァナの軍勢に邪魔される。敵陣の大将はカニの姿をした怪物ユユ・カンカンである。ラーマ軍勢は猿の武将たちの助けをかりて敵をたおし、大海を埋め立てる作業を続けていく。

この演目のみどころは、ハヌマーンをはじめとする猿の武将たちの活躍がクローズアップされることである。弓の名手で洗練された男性貴公子であるラクシュマナはマハーバーラタの美男子の武将アルジュナと同じようなスマートな戦いぶりを見せるが、その一方で主人公のラーマは最後の場面に登場する程度である。西ジャワの人形劇においても中部ジャワの影絵においてもラーマーヤナの上演では猿の活躍、戦い、魔物の登場などが強調されることが多い。

2・3・3　ワヤンにおけるラーマーヤナの「近世的」レパートリーの演目

「近世的」レパートリーの演目の第一の例は、マエスパティ国アルジュナ・サスラバーフ王の家臣スマントリ *Sumantri* にまつわるエピソードである（Foley 1979 : 273、松本 1993 : 158-190）。スマントリは婿選び競技でアルジュナ・サスラバーフ王のためにデウィ・チトラワティという姫を勝ち取る。しかしチトラワティのあまりの美しさに姫を自分のものにしようと考え、アルジュナ・サスラバーフ王に戦いを挑む。スマントリはアルジュナ・サスラバーフ王の相手に成り得ず敗北する。スマントリは罰として、チトラワティのためにスリウェダリの花園をマエスパティ国の宮殿に移し替えることを命じられる。悲嘆にくれるスマントリのもとにラクササ姿の弟ソカスラナが現れる。彼は兄スマントリを慕う心優しい弟で、ラクササの醜い姿でありながら超能力を持つ。スマントリは弟の助けをかりてスリウェダリの花園を移しかえることに成功する。しかし弟の醜い姿を恥じて追い出そうとした際に弟を殺してしまう。この演目は西ジャワの人形劇では「スマントリ誓いを破る *Sumantri Ngender*」というタイトルで知られている。スリウェダリの花園を移しかえることに成功したスマントリは、マエスパティ国の大臣となりスワンダ *Suwanda* と改名する。あるときアルジュナ・サスラバーフ王は王妃のチトラワティが水浴びを楽しめるように巨大な姿に変身して河をせき止める。河の上流は洪水となり、上流から怒り避難してきたラーヴァナがスマントリと対戦する。ラーヴァナはかつてスマントリが自ら殺した弟の呪いを得て、スマントリを倒す。この部分は「スワンダ宰相 *Patih Suwanda*」という演目として知られる。

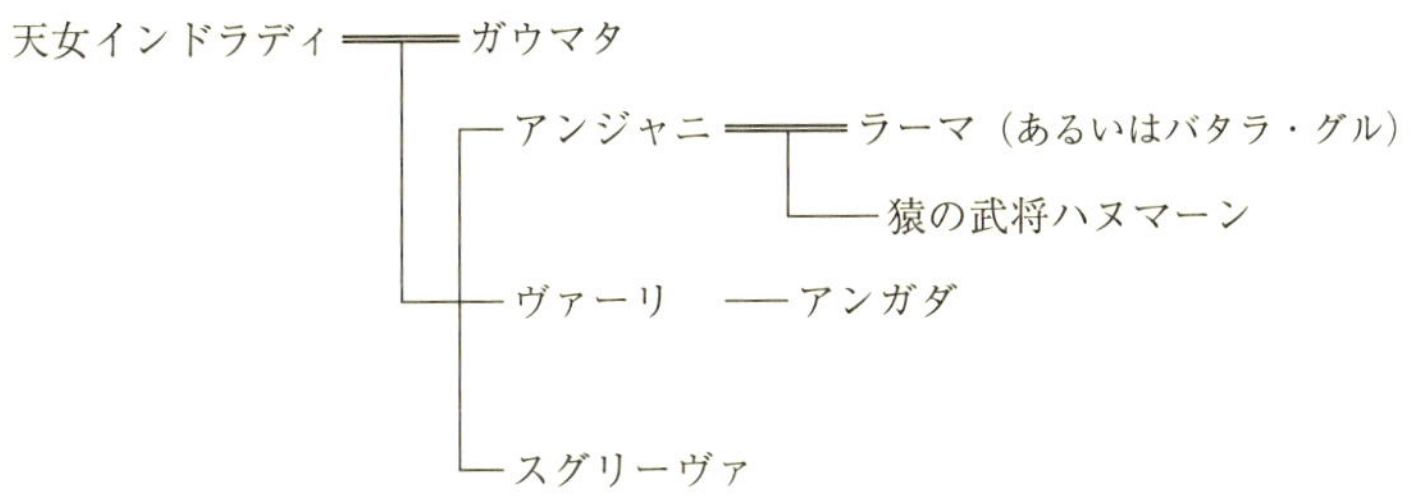

この物語はラーマ誕生以前のアルジュナ・サスラバーフ王に関する物語群の一つで、ジャワ島独特のエピソードであると推測される。特にソカスラナがラクササ（羅刹）として登場し超能力で兄を助けるにもかかわらず兄によって殺されるというエピソードにはジャワ的な教訓が含まれる。[11] 美しい武将スマントリが虚栄心を持っているのに対して彼を常に助けるラクササの姿の弟ソカスラナは無垢な魂の象徴とされていることには、ジャワの人々の人生観が表れているとされる（松本 1982：37 スマントリの項目）。

第二の例はキシュキンダーのガウタマのこどもたちに関するエピソード（Foley 1979：271、松本 1993：76-90）である。ガウタマの妻であり天界の天女であるインドラディ（松本 1993 の中ではデヴィ・ウィンドラディと記述される）は太陽神スルヤと密かに逢引きを重ねていた。あるとき、ガウタマはスルヤからインドラディにプレゼントされた宝石箱を見つける。怒ったガウタマは妻を石塔に変えて宝石箱を遠くに投げ捨てる。ガウタマのこどもたちはそれを取ろうとして追いかけていく。宝石箱は蓋と箱に分かれて地上に落ちるとそこに二つの湖ができる。スグリーヴァとヴァーリはその湖に入ったため、全身が猿の姿に変わってしまう。姉のアンジャニはその湖の水で顔を洗ったため、手と顔が猿に変わる。この演目は、西ジャワでは「8角形の宝石箱 *Cupu Manik Astagina*」として知られる。[12] 図にガウタマのこどもたちの系譜関係を記す。

11 大野によると、ヴァールミーキ版では、ラーヴァナのスパイとしてシュカとサラナという二人の登場人物が登場する。大野はD・M・スナルディ *Sunardi* 著による『ラーマーヤナ』*Ramayana*（Jakarta 1993〔1979〕）の検討結果として、ジャワ島の伝承においてこの二人の名前を合成したスカスラナという人物が創造されたと指摘している（大野 2000: 78）。このスパイのスカスラナと、スマントリの弟ソカスラナとの間に何らかのつながりがあるかどうかは明確ではない。

12 アイップ・ロシディによると、西ジャワではこの物語はカチャピ *kacapi* と呼ばれるコトの伴奏を伴った詩の朗唱ジャンルであるパントゥン *pantun* の中で頻繁に上演される（Rosidi 2000: 66）。

このエピソードを発端として、ラーマーヤナにおける猿の武将たちの争いや活躍が描かれることになる。三人のこどもたちは湖で苦行を続ける。先にも述べたようにラーマとシーターの子がアンジャニに移され、アンジャニがハヌマーンを生む。一説には全裸で苦行中のアンジャニを見て天界の神バタラ・グルが落とした精液をアンジャニが飲み込んだ結果、後に猿の武将ハヌマーンが生まれる（松本 1993 : 264）。その後ヴァーリとスグリーヴァは兄弟同士で領地と妻を争って戦う。スグリーヴァはラーマの助けを得てヴァーリを倒しキシュキンダーの王となり、ラーマのシーター救出に協力することになる。ヴァーリの息子であるアンガダもラーマ軍勢の主要な武将として活躍する。

ワヤンに見られるこのエピソードには『スラット・カンダ』との共通点を見ることができる。大野によると、『スラット・カンダ』におけるヴァーリとスグリーヴァはその母デヴィ・ロンターの不義の子で、父親に当たるスリ・グタマの呪いで猿に変身する。スリ・グタマはヴァールミーキ版のガウタマに、デヴィ・ロンターはその妻アハルヤに相当する。一方ヴァールミーキ版では、アハルヤはガウタマに化身したインドラ神を受け入れたことから夫ガウタマに呪われて石にされるが二人の間にこどもはない。ヴァーリとスグリーヴァはそれぞれインドラとアディトヤの子だとされている（大野 2000 : 18）。このように、ヴァールミーキ版では無関係だった猿の兄弟誕生のエピソードとガウタマの妻の不義のエピソードが『スラット・カンダ』では融合している。ワヤンに見られる「八角形の宝石箱」のエピソードは、ガウタマの妻が天女インドラディとなっている点では違いがあるものの、内容の上では『スラット・カンダ』のエピソードに近いものであると考えられる。

以上のように、アルジュナ・サスラバーフ王にまつわる演目が多いこと、また猿の武将たちの出生の経緯や系譜関係が細かく描かれて重視されていることはジャワ島のワヤンのラーマーヤナに見られる特徴的要素であるだろう。これはワヤンの物語に『スラット・カンダ』の強い影響が見られること

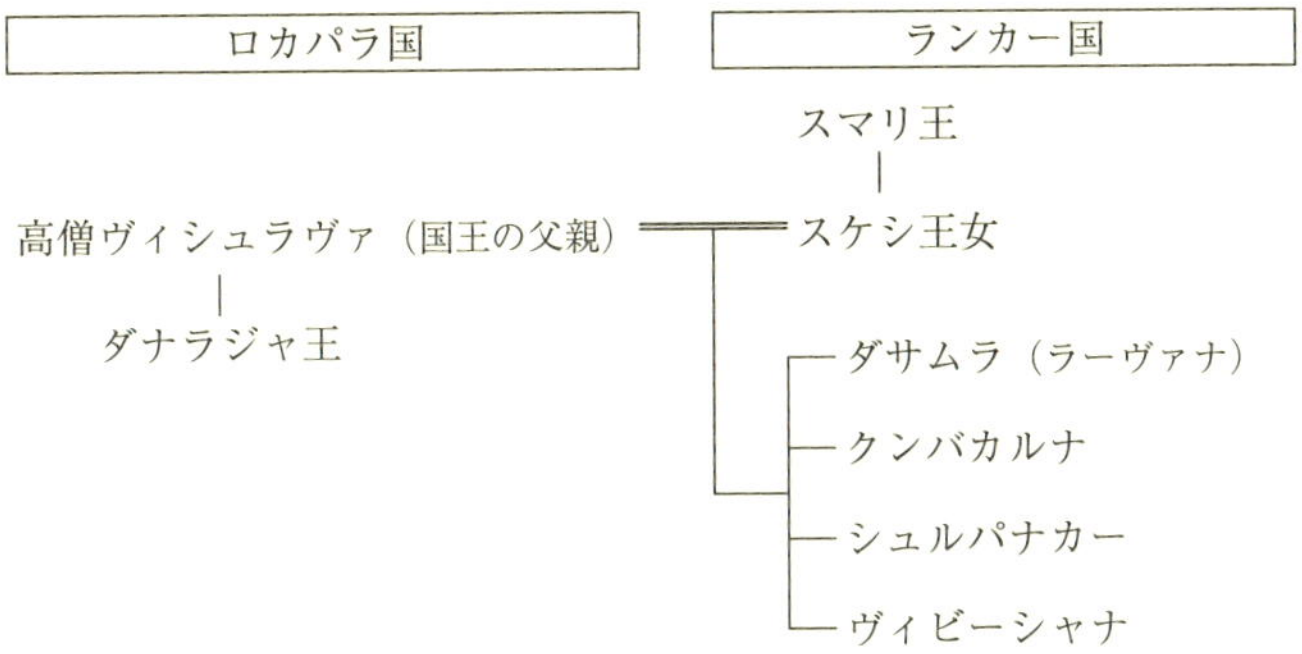

によるものと考えられる。

2・3・4　魔王ラーヴァナ誕生のエピソード

ワヤンに特有のエピソードの代表例として、以下にラーヴァナ誕生のエピソードを詳述する。このエピソードは中部ジャワの影絵においては「スケシの結婚（字義どおりの意味は取得）」*Alap-alapan Sukesi* という演目として知られる。また西ジャワの人形劇の中では「ヴィシュラヴァの結婚 *Wisrawa Krama*」という演目として知られる。スケシとヴィシュラヴァはそれぞれラーヴァナの母親と父親である。

物語の細部にはいくつかの違いが見られるが、以下に松本亮の著書、ローリー・シアーズ、キャセイ・フォレイの論文を参考にしてあらすじを要約する（松本 1993：30-74、Sears 1986：58-91、Foley 1979：271-272）。図にラーヴァナの系譜関係を記す。

ロカパラ王国の国王、ダナラジャ王（シアーズの記述の中ではダナパティ王となっている〔Sears 1996：63〕）は、ランカー国王女スケシを王妃にしたいと望む。ランカー国はラクササのスマリ王が治めているが、その王女スケシは絶世の美女であった。スケシ王女の婿取り競技ではラクササの姿をしたスケシの従兄弟ジャンブマンリを打倒する必要があり、スケシに結婚を申し込んだすべての武将たちがこの従兄弟に倒されて退散していた。ダナラジャ王は自分の父親である高僧ヴィシュラヴァに自分の胸の内を打ち明ける。ヴィシュラヴァは、スケシの父親であるスマリ王は若き日の親友であるため自分の息子とスマリ王の一族とが一戦を交えることがあってはならないと考えた。ヴィシュラヴァは自らスマリ王に会い、息子ダナラジャとスケシ王女の結婚をとりまとめてくることを約束する。

ランカー国では、スケシ王女がサストラ・ジェンドラ・ユニングラト *sastra jendra yuningrat* というジャワ神秘思想の秘儀的知識を解明してくれる人を夫に望んでいる。サストラ・ジェンドラ・ユニングラトはジャワの神秘思想における重要な知識の一つとされる。厳しい修行を積んできた徳の高い僧であるヴィシュラヴァはスケシ王女が息子と結婚してくれることを願って、彼女にサストラ・ジェンドラ・ユニングラトの意味を解明する。人間でありながら神にも匹敵する教えを解明しようとする行いが、天界の至高神バタラ・グルの怒りにふれる。バタラ・グルはこの傲慢不遜な人間に神罰を下すべく妻のデヴィ・ウモ（ドゥルガ）とともに地上に降り、ヴィシュラヴァとスケシ王女のそれぞれに入魂する。するとヴィシュラヴァとスケシは互いに惹かれあい、本来は息子のための嫁取りであったにもかかわらず、ヴィシュラヴァはスケシ王女と結婚してしまう。一方、ロカパラ国のダナラジャ王は父親の帰りを待っているが、父親がスケシ王女と結婚したとの知らせを受ける。怒ったダナラジャは軍隊を率いてランカーに攻め入るが、ここにナーラダ神が仲裁に入り父と息子の戦いをやめさせる。[13]

このような不義の結婚からラーヴァナが誕生する。ラーヴァナは頭が十のこぶの塊で口には鋭い牙を持つラクササとして生まれ、十の顔を意味するダサムカ *Dasamuka* という別名を持つ。ラーヴァナに続いて弟クンバカルナと妹シュールパナカーがやはりラクササの姿で誕生し、最後の四番目の末息子ヴィビーシャナにいたって美しい姿の無垢な資質を持つ武将がやっと誕生する。四人のこどもたち

13　一説にはダナラジャにスケシの代わりとして天女二人が贈られたとされる（Sears 1996: 64）。

はみな生まれてすぐに山に入って苦行に励むようにいいつけられ、苦行に出かける。

この物語は、魔王ラーヴァナの誕生を神罰の結果として位置づける。ジャワ神秘主義の秘儀的知識を不適切に解明したヴィシュラヴァの行いに天界の至高神が罰を下した結果としてラーヴァナをはじめとする業欲の人物が誕生したという内容になっている。

2・3・5　中部ジャワにおけるラーヴァナ誕生のエピソードの系譜

前節で取り上げたワヤンに見られるラーヴァナ誕生のエピソードが形作られるまでにはいくつかの段階を経ていると推測される。中部ジャワの影絵における書かれたテクストと口頭の語りとの関係を研究したシアーズは「スケシの結婚」の内容が時代とともに変遷を遂げたことを指摘する。シアーズの研究成果に依拠しつつ、以下に中部ジャワにおけるラーヴァナ誕生のエピソードの系譜を記す（Sears 1996 : 55-74に基づく。ここでは便宜上、番号を付した）。

（1）サンスクリット語によるラーマーヤナ第七巻（ウッタラ・カンダ *Uttara Kandha* 一世紀後半と推測される）に基づいて十世紀に書かれたとされる古ジャワ語の『ウッタラ・カンダ』におけるラーヴァナ誕生のエピソード

（2）十四世紀頃に書かれた『アルジュナウィジャヤ・カカウィン』*Arjunawijaya Kakawin* におけるラーヴァナ誕生のエピソード

（3）『スラット・カンダ』*Serat Kandha* におけるラーヴァナ誕生のエピソード（十六世紀以降）

（4）十九世紀におけるラーヴァナ誕生のエピソード：中部ジャワ・スラカルタの宮廷詩人であったヨソディプロ *Yasadipura* 一世（一七二九～一八〇三）とヨソディプロ二世（一七五六～一八四四）

によって書かれたテクスト

（5） シンドゥサストラ Sindusastra によって一八二九年に書かれた韻文マチャパットの形式の『スラット・ロカパラ』*Serat Lokapala*

（1）の内容の概略は以下のようなものである。ラクササ王のスマリは娘カイケシを聖なるヴィシュラヴァと結婚させようとする。娘は父の言うとおりにヴィシュラヴァのもとを訪れるが、その際に火の供儀を中断してしまう。ヴィシュラヴァはそれを嘆きカイケシを呪い、自分たちのこどもがラクササとなることを予言する。カイケシが不運を嘆くと、ヴィシュラヴァは四人の子のうち一人だけが徳の高い人物となるだろうと言う。こうして二人の間にはラーヴァナ、クンバカルナ、シュールパナカー、ヴィビーシャナが生まれる。このうち三人はラクササでヴィビーシャナのみが貴公子として生まれる。（2）の内容は（1）とほぼ同じ内容である。ただしヴィシュラヴァによる不吉な運命に関する言及は見られない。（3）は上記の二つのエピソードとは内容がかなり異なる。すでに2・2で大野の研究成果として記述したが（大野 2000：9-19）、ラーヴァナ誕生の系譜は魔王クワチャ・インドラ、その娘チトラワティ、孫チトラバハ、そして曾孫ラーヴァナへ続くという記述が見られる。

そして（4）と（5）のヴァージョンがサストラ・ジェンドラ・ユニングラトに言及している物語であり、どちらも現在のワヤンの演目とかかわりがある。（4）のヴァージョンは2・3・4で記述したもので、現在のワヤンの中で上演されるエピソードの内容に最も近いものである。（4）は（1）を翻案したものであるが、内容の細部においては（1）とさまざまな差異がある。年老いた男性が自分の娘ほどの若い娘と結婚してしまうという点では（3）とも共通点がある。しかし（4）を特徴づけているのはジャワ神秘主義の秘儀的知識サストラ・ジェンドラ・ユニングラトの存在である（Sears

1996 : 66)。サストラ・ジェンドラ・ユニングラトを不適切に開示したことが神の怒りを招き、その罰としてラーヴァナが誕生したという内容は（4）に特徴的な要素である。

（5）は（3）に基づきシンドゥサストラによって書かれたものであるが、（3）にはジャワ神秘主義の教えに関する記述が見られないのに対して（5）にはサストラ・ジェンドラ・ユニングラトの内容を具体的に記した部分がある。それによればサストラ・ジェンドラ・ユニングラトは、ラクササや魔物の魂を解き放ち人間に匹敵する存在とすることを達成し死に至る段階では神との合一が達せられる（Sears 1996 : 69）。このサストラ・ジェンドラ・ユニングラトの具体的な内容は現在中部ジャワの影絵の上演において言及される場合もある（Sears 1996 : 69）。

2・3・6　ラーヴァナ誕生のエピソードに見られるジャワ神秘主義への批判

上記の（4）のテクストに見られるジャワ神秘主義の不適切な開示に神罰が下されるという内容は、シアーズによればイスラームの立場からジャワ神秘主義という異端な思想を批判する試みである。このテクストにはジャワ神秘主義と正統派イスラームとの相克が体現されている（Sears 1986 : 75, 85 ; 1996 : 65）。

シアーズは、神秘主義の不適切な開示というテーマが十八～十九世紀のジャワのイスラームに関するテクストに見られる重要なテーマであると述べている（Sears 1996 : 65）。（4）のテクストを書いたヨソディプロ一世は、異端な思想による神罰をこうむったジャワの歴史上の神秘主義者たちに先立つ存在としてヴィシュラヴァを位置づけた。すなわちイスラーム聖人の活躍した時代のシティ・ジュナル、デマク王国時代のパンゲラン・パングン、マタラム時代のシャイ・アモン・ラガに先立つ存在として、イスラーム到来以前の時代にヴィシュラヴァを位置づけることによって歴史的な連続性を示したという推測もなされている。これらの歴史上の人物はすべて、その異端な神秘主義思想のゆえに死や苦悩を科せられた。ヴィシュラヴァが神秘主義思想の不適切な開示による神罰を受けたことは、ジャワ史上における神秘主義者たちの辿った運命を正当化するものとして位置づけられる（Sears 1996 : 65）。

ラーヴァナ誕生のエピソードの変遷を見ると、（４）のテクストが書かれた十八～十九世紀のジャワ宮廷社会におけるイスラーム的権威の影響力を知ることができる。テクストを書いたヨソディプロ一世は、マハーバーラタに依拠した独自の物語『デワ・ルチ』の作者ともされる。『デワ・ルチ』は、パーンダヴァの武将ビーマが戦いの末に自己の内面であるデワ・ルチと出会い、己の生きる道を見出す経緯を描いた物語である。このエピソードはジャワ神秘主義を体現する代表的なものとされている。ジャワ神秘主義はこのエピソードにおいて人間が生きる道を知るための秘儀的知識として提示される。神秘主義を体現するエピソードを一方で書いている人物がジャワ神秘主義を戒めるエピソードをも残しているという事実は、宮廷詩人ヨソディプロ一世の内面におけるイスラームとジャワ神秘主義との葛藤を示しているかのようである。ヨソディプロ一世はジャワ神秘主義に強く傾倒していた一方で、当時のジャワ宮廷詩人として神秘主義を貶《おとし》めなくてはならない立場にいたのだと考えられる。

一方で現在の影絵の上演において、ラーヴァナ誕生のエピソードが内包する神秘主義はどのように取り扱われているのであろうか。これについてシアーズは、影絵の演目における中心的なテーマあるいは人形遣いたちの最も主要な関心は神秘的な教えであるサストラ・ジェンドラ・ユニングラトそのものの内容であると指摘する（Sears 1986 : 77）。（５）のシンドゥサストラによるマチャパットには、サストラ・ジェンドラ・ユニングラトの内容を記した部分があり、多くの人形遣いたちはこれに言及する（Sears 1996 : 69）。サストラ・ジェンドラ・ユニングラトは、ラクササや獣を人間に匹敵する存在に到達させて死に至る最終段階では神との合一を達成するための秘儀的呪文として位置づけられる。人形遣いたちの関心は呪文を生み出した思想体系にではなく呪文の内容そのものにある。実際にスラカルタ周辺の人形遣いが演じる上演の中では、ヴィシュラヴァがスケシにサストラ・ジェンドラ・ユニングラトを解明するに先立ってランカー国王スマリをラクササから人間の姿に戻してみせた、という場面がある（松本 1993：42-45）。人形遣いの中にはすべての不浄なるものを清めるための魔除けの呪文として捉える者もいる。人形遣いたちはこの呪文の内容から示される知識の体系については言及しない。このことからシアーズは、影絵における神秘主義の提示は常に人形遣いの新たな解釈の可能性に委ねられていることを指摘する（Sears 1996：69-70）。

サストラ・ジェンドラ・ユニングラトという名称を冠してジャワに浸透している神秘主義的な伝統は、ジャワのヒンドゥー的な信仰とイスラーム的なスーフィズムとの融合の所産であるとされる。影絵の人形遣いは常に睡眠や食事を制限して禁欲的な修行を行い内面の独特な力を得ている人として観客に知られている。彼らはその意味で神秘主義の典型的な実践者でもある。（4）のヨソディプロ一世の書いたテクストが異端な信仰について教訓を与える媒体として機能する一方で、影絵の人形遣いたちはサストラ・ジェンドラ・ユニングラトの内容そのものに関心を持っている。人形遣いはジャワ的な神秘主義の実践すなわち禁欲的な修行によって何らかのパワーを獲得する、ということ自体を上演の中で強調する（Sears 1986：78, 87）。

当時のジャワ宮廷社会においてテクストが生み出されさまざまな解釈がなされてきたプロセスは、興味深い問題を提示している。書かれたテクストは歴史の中で思想的影響を受けて変遷を遂げる。ラーヴァナ誕生のエピソードが書かれた十八～十九世紀の中部ジャワの宮廷社会ではジャワ神秘主義に対するイスラーム的立場からの批判的見解が高まっていた。ヨソディプロ一世と二世によって書かれたラーヴァナ誕生のテクストにはこうした宮廷社会の中で表現活動を行った宮廷詩人の内面の矛盾が反映されている。書かれたテクストのリテラシーは主に当時の宮廷社会に占有されており、宮廷の外部にいた多くの人々はむしろ口頭で語られるテクストにより親しんでいたと考えられる。影絵の人形遣いたちは宮廷におけるテクストを社会に伝える役割も担っていただろう。書かれたテクストは影絵の上演を通して変化を遂げながら多くの人々に広まっていく。影絵の上演においてラーヴァナ誕生のエピソードを提示する方法は人形遣いの解釈に委ねられる。中部ジャワの影絵におけるラーヴァナ誕生のエピソードは、神秘主義への戒めが示されるにとどまらずサストラ・ジェンドラ・ユニングラトの内容に言及し神秘主義の実践を提示するための場へと変遷を遂げていった。

十八世紀から十九世紀にかけてのスラカルタの宮廷ではアルジュナ・サスラバーフの演目が盛んに演じられ、ラーヴァナに対するアルジュナ・サスラバーフ王の勝利というテーマが好まれていた（Sears 1996 : 66）。ラーヴァナ誕生のエピソードをはじめとするこれらの影絵の演目は、当時の宮廷社会における思想的背景を体現するものでもあったと考えられる。中部ジャワの影絵の演目はこのような宮廷社会の思想を体現しつつジャワの社会の中で人々に思想や価値観を伝達する役割を担って発展してきた。

ラーヴァナ誕生のエピソードの考察からは、このテクストが書かれた十九世紀においてジャワ宮廷社会の思想が影絵の上演の中で体現されていたことが示される。一方で現在に至るまで影絵の上演が宮廷社会のテクストとどの程度の関連を持って発展してきたのか、ということは明確ではない。中部ジャワの宮廷で生み出されたテクストの内容は必ずしも宮廷外の人形遣いを含むすべての人形遣いに共有されていたとは言えないだろう。ただし宮廷から物語のテクストが広まっていったという事例はたしかに見られる。シアーズは十九世紀中頃に宮廷詩人ロンゴワルシトが著した『古の王の書』が十九～二十世紀にかけて中部ジャワの宮廷においては写本や印刷によって普及したことを指摘する。人形遣いがそれらのテクストを所有しているケースは少ないが、十九世紀末にはスラカルタの王宮で人形遣いたちを集めて『古の王の書』の内容を教えていた。したがって中部ジャワの多くの人形遣いたちがこのテクストの内容を知っていた（Sears 1991 : 64-65）。

現在中部ジャワで上演活動をする人形遣いたちの中には、宮廷に仕えていた人形遣いを自らの系譜の源とする者もいる。このような人形遣いとしての系譜、あるいは宮廷における人形遣いたちの教育の成果のゆえに、中部ジャワの影絵においては宮廷の伝統が多くの人形遣いたちに影響を及ぼしてきたと言えるだろう。

以上のような経緯からも、現在のワヤンの物語のレパートリーには中部ジャワの宮廷におけるテクストの影響が少なからず見られることが推測される。

2・4　観光というコンテクストにおけるラーマーヤナ

2・4・1　舞踊劇スンドラタリにおけるラーマーヤナ

現在ジャワ島でラーマーヤナを観る機会には、ワヤン以外では舞踊劇がある。舞踊劇にはさまざまなジャンルがあるが、観光客向けに最もよく知られているジャンルはスンダラタリ *sendratari* と呼ばれている。スンドラタリは芸術 *seni*、ドラマ *drama*、舞踊 *tari* の合成語である。この舞踊劇は人間が

中部ジャワプランバナンの野外劇場における舞踊劇の上演

演じる舞踊劇ワヤン・オラン *wayang orang*（ジャワ語で *wayang wong*）をもとにして一九六〇年代に創作された舞台芸術の様式である（Lindsay 1991 : 154）。ワヤン・オランとの決定的な違いは、語り手（ダラン *dalang*）が受け持つ地語りと台詞のやり取りがすべてなくなっている点である。スンドラタリにおいては物語のテクストに代わって舞踊表現に重点が置かれている。今日この芸能は「ラーマーヤナ・バレエ」という通称で呼ばれている。舞踊による身体的な動作で台詞に代わる所作や感情を表現して物語を進行するやり方には、西洋舞台芸術の強い影響を見ることができる。

現在スンドラタリはジャワ島のいくつかの場所で上演されるが、プランバナン寺院を背景にした野外劇場の上演が最もよく知られている。影絵や人形劇で上演されるエピソードに、ラーヴァナ誕生の系譜などを含むラーマ以外の登場人物をクローズアップしたものが多いのに対して、舞踊劇の上演は「古典」的系統の物語である（青山 1998 : 156）。プランバナン遺跡におけるラーマーヤナの舞踊劇が創られた経緯に関しては別稿（福岡 2009b）も参照されたい。

スンドラタリのラーマーヤナは以下の十の場面から構成されている。二〇〇七年八月二十一日にプランバナン遺跡において上演されたラーマーヤナについて、以下に場面構成と内容の概略を記述する。遺跡公園協会によって観客向けに配布されているパンフレット（Jalan Cerita Ramayana PT Taman Wisata Candi Borobudur、Prambanan & Ratu Boko）も参考に用いる。なおプランバナン遺跡のスンドラタリの上演には一晩の公演の他に四晩かけて物語を終了する上演の二つの種類がある。ここでは一晩の上演の構成と内容を記す。

（1）冒頭部分（Introduksi）：マンティリ国のジャナカ王にシーターという美しい王女がいた。（コーサラ国）アヨーディヤーの王子ラーマ・ウィジャヤが婿選び競技の勝者となる。一方魔王ラーヴァナはデヴィ・ウィドワティを追い求めていた。シーターを見たラーヴァナは彼女こそウィドワティの化身であることを確信する。

（2）ランカー（Pasewakan Alengka）：ランカー王国では魔王ラーヴァナと弟クンバカルナ、息子インドラジット、ラーヴァナの叔父プラハスタ大臣と民衆が集まり謁見を行っている。そこへ妹シュールパナカーが登場し、ダンダカの森である武将に襲われたこと、またその武将が美しい女性を連れていることを報告する。ラーヴァナは怒り、家臣マーリーチャを召還する。

（3）ダンダカの森（Hutan Dandaka）：森を放浪中のラーマ、シーター、ラクシュマナ。ラーヴァナはマーリーチャを金色の鹿に変身させてシーターの注意を惹く。ラーマがシーターのために鹿を追い、シーターの要請でラクシュマナもラーマに加勢する。その際ラクシュマナはシーターの周囲に魔方陣を張る。ラーヴァナはシーターを誘拐しようと試み一度は失敗するが老いた僧侶に変身してシーターを魔方陣の外へおびき出し誘拐する。

（4）ラーマによる鹿の追跡（Rama Mengejar Kijang）：ラーマが鹿を弓で射るとマーリーチャが姿を

現す。マーリーチャを退治した後ラクシュマナが登場し、二人はシーターのもとへ急ぐ。

（5）シーターの誘拐（Penculikan Shinta/Shinta Hilang）：ラーヴァナの行く手を怪鳥ジャタユが阻止する。戦いの末ジャタユは敗れる。シーター捜索途中のラーマとラクシュマナは瀕死のジャタユに遭遇する。シーター誘拐を告げた後、ジャタユは命果てる。悲嘆に暮れるラーマのもとへ白猿ハヌマーンが登場する。叔父であるスグリーヴァが兄ヴァーリから妻を取り戻すのを手助けしてほしいと要請する。ラーマは同意する。

（6）キシュケンダ国（Goa Kiskenda）：スグリーヴァとヴァーリの戦い。ラーマの助けを借りてスグリーヴァは兄ヴァーリを倒し妻デヴィ・タラを取り戻す。スグリーヴァはラーマのシーター救出の手助けを約束し家臣ハヌマーンを使者に出す。

（7）アルガソカの庭園（Taman Argasoka）：シーターを助ける侍女トリジャタ。シーターを自分のものにしようとするラーヴァナをトリジャタが制する。悲しむシーターのもとにハヌマーンが登場しラーマの指輪をシーターに手渡してラーマが救出に向かうことを報告する。その後、ハヌマーンは庭園を破壊する。ハヌマーンを殺そうとするラーヴァナを弟ヴィビーシャナが制し、怒ったラーヴァナはヴィビーシャナを追い出す。一方火あぶりにされたハヌマーンは飛び回って王国中を焼き、ラーマのもとへ戻る。

（8）ラーマ大海を埋め立てる（Rama Tambak）：ラーマは猿の軍勢とともにランカーへの海を埋め立てる。使者に出ていたハヌマーンが戻る。ハヌマーンの報告をきき、ラーマはハヌマーン、アンガダ、アニラ、ジュンバワンを司令官として任命する。

（9）最後の戦い（Perang Barubuh）：ラーマ軍勢とラーヴァナ軍勢との戦い。インドラジットとクンバカルナが敗れた後、ラーヴァナもラーマの秘矢とハヌマーンの投げた山により命を落とす。

（10）ラーマとシーターとの再会（Pertemuan Rama dan Shinta）：シーターがラーマのもとへ戻って来るが、ラーマはランカーに捕らえられていたシーターの貞節を疑う。シーターは火に入り自分の身の潔白を証明する。ラーマとシーターはめでたく再会する。

スンドラタリの物語の筋は、ほぼ「古典」的ラーマーヤナの中核部分に相当するが中部ジャワ独自の内容が見られる部分もある。それらは最初の場面にラーヴァナが登場しシーターをデヴィ・ウィドワティの化身と同定する部分（最も上演を観ただけではこの部分は理解しにくい）、またシーターを残してラーマを追うラクシュマナがシーターの周囲に魔法の円陣を描く部分、シーターを誘拐されて悲しみに暮れるラーマのもとへスグリーヴァではなくハヌマーンが登場する点、などである。

スンドラタリの母体となった舞踊劇ワヤン・オランでは語り手（ダラン）が物語を進行し、踊り手は人形劇の人形と同じ役割を果たす。踊り手は物語に即した所作や舞踊を演じるものの、上演を進行するのは主として語り手である。それに対してスンドラタリの上演は主として舞踊表現によって物語を進行する。ところどころに場面を描写する歌などが挿入される（役者である踊り手が歌うのではなく、歌い手によって歌われる）こともあるが、全体としては上演から言語テクストはほぼ完全に排除された。ワヤン・オランの中では語られていた言語テクストが、ここでは舞踊や動作による視覚的表現に取って代わられたと言えるだろう。多数の踊り手が登場する場面では舞台空間を効果的に占有する振り付けが重視されており、各戦闘場面では実際に矢が射られ敵に命中する技が重んじられる。

上演の最大のクライマックスは第七場においてハヌマーンがランカーを燃やす場面である。この場面では松明による火が放たれ、ハヌマーン役の踊り手はその火を飛び越しランカーに見立てた舞台上のいなむらに火をつけて炎上させる。物語の進行上は、第八場以降のラーマが海を埋め立てる部分やラーヴァナと最後の戦いをする部分も同じくクライマックスに相当すると思われる。しかし視覚的に最もダイナミックな第七場に時間と労力が注がれるためか[14]、第八場以降は簡略化された観が否めない。観光客は上演を通して、言語のテクストを介することなくこれらの物語の大筋を理解することができるようになっている。スンドラタリの上演は現在まで、ラーマーヤナの物語の中核部分を多くの観光客をはじめとするジャワの外部の人々に提示する重要な機会となっている。

14 スンドラタリの上演時間は約二時間で、第七場終了の時点ですでに一時間半を超えている。ここではさらに消火のための休憩の挿入が余儀なくされ、第八場以降の時間が限られているという事情もある。

2・4・2　観光客向け影絵におけるラーマーヤナ

観光地であり王宮のある都として知られるジョグジャカルタでは、観光客向けの影絵の上演を毎晩ソノブドヨ博物館で行っている。はじめに述べたように、一般に影絵の上演ではマハーバーラタの上演頻度が高く演目数も多い。しかしこの博物館で演じられる観光客向けの上演では、レパートリーはすべてラーマーヤナになっている。スンドラタリの上演ではラーマーヤナの全体の筋が一回の上演あるいは四回の上演で提示されるが、観光芸能の影絵における上演では八つのエピソードでラーマーヤナの全体の筋立てが提示されている。上演は夜八時から十時の二時間で行われ、八夜連続で観るとラーマーヤナの主要な部分の全体がわかるようになっている。一晩で演じる演目のそれぞれは二幕で完結する構成をとっている。ジョグジャカルタ特別区の文化局（*Pemerintah Propinsi DIY Dinas Kebudayaan*）が作成したソノブドヨ博物館の英語パンフレット（Puppet Shadow Play/ Wayang Kulit Performance at the Pendopo Museum Sonobudoyo）に基づき上演される演目を以下に記す。

（1）シーターの誘拐

場面1：ランカー王国――怪物の国

場面2：ダンダカの森

（2）ハヌマーン使者に発つ

場面1：パンチャワティ王国

場面2：アルガソカの庭園

（3）ラーマ海を埋め立てる

場面1：ランカー王国

場面2：海岸

（4）アンガダ使者に発つ

場面1：ランカー王国

場面2：天界——神々の棲む場所

（5）プラハスタの戦死

場面1：パンチャワティ王国

場面2：ランカー王国

（6）トリガンガ父親を探す

場面1：ランカー王国

場面2：パンチャワティ王国

（7）クンバカルナの戦死

場面1：ランカー王国

場面2：パンチャワティ王国

（８）ラーヴァナの戦死

場面１：ランカー王国

場面２：ラーマ、ヴィビーシャナ

ソノブドヨ博物館の観光客向けの影絵におけるラーマーヤナはシーターの誘拐から始まってラーヴァナの戦死で終了する。その筋立ての構成は「古典」的系統の物語の中核部分とほぼ同じであるが、内容は異なる点がいくつかある。（４）の「アンガダ使者に発つ」の中ではアンガダを捕らえて処刑しようとしたラーヴァナが、アンガダの父親がヴァーリであることを知って思いなおす部分がある。これは、ヴァーリが以前にラーヴァナの修行を助けて大地に触れると蘇生する特別な力を授けたという経緯からである。（５）「プラハスタの戦死」においてはラーヴァナの魔力の秘密がヴィビーシャナによって明かされる。メンタナ *Mentana* と呼ばれる魔法の剣を猿の武将アニラが盗み出す。追いかけるプラハスタをアニラが傍らの石塔で殴って倒す、というエピソードが見られる。[15] 岩本によると、このようにラーヴァナの秘密の武器やラーヴァナの急所についてのエピソードが多いということは非ヴァールミーキ系のラーマーヤナに見られる特徴の一つである（岩本 1980：347）。また「伝統的」なワヤンのエピソードに影響を受けたと考えられるものとしては、（６）の父親を探し求める白猿トリガンガ（ジャワでトゥガンガと呼ばれる）がハヌマーンに会って戦い最後には息子として認知される、というエピソードが挙げられる。[16]

ソノブドヨ博物館における影絵の内容はスンドラタリのラーマーヤナとまったく同じではないが、観光客をはじめとするジャワの外部の人々の視線を考慮して複雑で錯綜したエピソードを避け「古典」的な筋立てに近い物語が提示されている。またハヌマーン、アンガダ、トリガンガなどの猿が登場す

15　松本によれば、アニラは剣を盗むのではなく戦場でプラハスタと対峙する。その際、追い詰められて傍らの石塔でプラハスタを殴り倒す。その石塔の中からガウタマの呪詛により石塔に変えられていた天女インドラディが現れ昇天していく（松本 1993：349-350）。

16　松本によるとこの白猿は「トペン・ゴンソ」というエピソードに登場し、これはロンゴワルシトの『古の王の書』の中にある（松本 1993：353）。

る演目が採用されている。上演の中では猿の武将たちのダイナミックな戦いぶりが見せ場となっている。ソノブドヨ博物館での影絵のレパートリーがラーマーヤナに限定されていることは、プランバナン遺跡の劇場におけるスンドラタリの上演との兼ね合いを考慮して、観光客の回る決まったコースに異なる種類の物語が混ざらないように配慮されているためだと考えられる。

中部ジャワジョグジャカルタのソノブドヨ博物館における上演
Tugangga Hanuman Putra より

2・5　まとめ　各ジャンルにおけるラーマーヤナの特徴

この論考では、「伝統的な」ワヤン、観光芸能における舞踊劇と影絵のラーマーヤナについて記述してきた。それぞれのジャンルにおけるラーマーヤナの特徴を以下に述べる。どのジャンルにおいても観客（あるいは読み手）にラーマーヤナの物語が伝達される。しかしその伝達のやり方はそれぞれ異なる。ここではそれぞれのジャンルにおける物語の特徴を述べるにあたって、物語の提示方法と筋立てとの関係についてまた上演の社会的機能と物語の内容とのかかわりについて考えてみたい。

2・5・1　ワヤンにおける物語の特徴

ワヤンでは主として「近世」的系統のラーマーヤナが上演される。アルジュナ・サスラバーフ王にまつわる物語や猿の武将たちの系譜を描く物語群はワヤンの中で多く見られる。また2・3・4で述べた魔王ラーヴァナ誕生のエピソードはジャワにおける神秘主義とイスラームとの相克を体現するものであり、上演の中ではジャワ神秘主義の実践を提示している。「古典」的系統の物語も見られるものの主として「近世」的系統の物語が好まれていることは、ワヤンにおけるラーマーヤナの特徴である。この点は上演のやり方とも関連があると考えられる。

ワヤンの上演における物語はある程度決まった構成のもとで展開する。たとえば人形劇では（1）幕開き、（2）舞台となる王国の紹介と主要な登場人物の登場、（3）敵対する王国あるいは場所の紹介と主要な登場人物の登場、（4）双方のメッセンジャーの戦い *perang gagal*、（5）真夜中に始まる主人公と従者たちの場面 *banyolan*（従者たちの居住する村カラントゥマリティスにちなんで *tumaritis* とも呼ばれる）、（6）主人公とラクササとの戦い *perang kembang*、（7）ライバルとの戦い *perang barubuh*、（8）最後の場面という構成をとる。便宜上番号を付したが、演目は必ずしも八場面から構成されるという意味ではない。場面構成は演目やジャンルの違いによって異なるが、上記のような主要な骨格はほぼ共通する。一晩の上演は完結した構成を持ち、効果的な演出が組み込まれた形になっている。こうした完結した構成は、影絵や人形劇における物語が「語られる」ものであり、「演じられる」ものである、ということに起因する。一定の演目構成に基づく物語の提示は、書かれたテクストのリテラシーに精通しない多くの人々に物語を効果的に伝える機能を果たしてきた。

ワヤンにおける物語の特徴は、筋立てよりもまず先にこのような演目の場面構成が存在するという点であるだろう。上演の中ではその場面構成に物語をあてはめていくという展開方法がとられる。このような様式的構成に沿った物語の提示方法は、一筋の筋立てを最初から最後まで線状に提示するやり方とは根本的に異なる。演目の中では特定の登場人物とその人物にまつわる出来事や事件をクローズアップした特定のエピソードが提示される。ある事件や出来事をめぐって登場人物たちが繰り広げるさまざまな人間関係を描いていく。様式的構成に沿って演じるために上演の中にはいくつかの定型的な約束事が見られる。各場面の転換に際しては、山を模した形のグヌンガン *gunungan* が舞台に立てられ、場面が変わったことが示される。また各場面の情景描写や登場人物の心情などは人形遣いがスルック *suluk* と呼ばれる朗唱で表現する。ワヤンの観客はこうした約束事を共有した上で上演を享受する。これらの定型定な約束事の中でも重要なのが登場人物の際立った「性格」（ワタック *watak*）を表現することである。「性格」は人形の造形からも示されるが、その他に踊り、立ち居振る舞い、語りの声色、戦い方などを通して観客に提示される。ワヤンの演目は、特定の登場人物にまつわる出来事や人間関係を示して各登場人物の「性格」を含むさまざまな情報を提示することに主眼を置いている。ワヤンにおける物語の特徴的な要素は、こうした演目の様式的構成の中で特定のエピソードが提示される、という点である。

以上のような演目の様式的構成に沿っていれば、ワヤンの上演の中では基本的にどのような種類の物語でも提示することが可能となる。ワヤンのレパートリーに複雑で錯綜した系譜関係を持つ「近世」的系統の物語が多く見られるのは、歴史的な伝播のプロセスに起因するのみならず、このような様式的演目構成が複雑な物語の提示に適している、という要因も考えられる。

2・3・4で述べたラーヴァナ誕生のエピソードは、ある特定の登場人物にまつわる出来事に焦点を当ててその人物についての情報を提示するという演目の特徴をよく表している。このエピソードを通してジャワの人々は、ラーヴァナを取り巻く人間模様を知るとともにラーヴァナという業欲の登場人物が背負った宿命の重さに共感するのである。

またラーヴァナ誕生のエピソードにおいてはジャワ神秘主義への戒めの内容が人形遣いの解釈に委ねられ、神秘主義の実践を示す場へと変遷を遂げていった。このことは上演の社会的機能という点ともかかわる。ワヤンはジャワ社会の中でさまざまな儀礼に際して演じられ、共同体社会の成員にその上演が共有されている。上演は物語の内容を提示するのみならず物語における登場人物の言動を通して人間の振舞い方や生き方を伝達する場でもある。人形遣いにとっては自らの特別な力を観客に対して誇示する場でもある。人形遣いは日々の修行によって培った内面の力を誇示しつつ上演を行い観衆もその特別な力を信じて上演を享受する。[17] ワヤンの上演は、人形に命を吹き込む力を持つ人形遣いの手によって叙事詩の世界を人々の現前に提示するための場である。またこうした上演を無事に遂行することによって儀礼が滞りなく終了することができるとされている。地域社会の中では、ワヤンの上演が果たす社会的機能についての認識やこれらの上演を支える人形遣いの特別な力についての思想が共有されている。ラーヴァナ誕生のエピソードに見られるジャワ神秘主義の思想とその実践の提示は、このような地域社会においてこそ意味を持つものであるだろう。

2・5・2 観光芸能における物語の特徴

ワヤンでは主として「近世」的系統のラーマーヤナが上演されるのに対して観光芸能におけるラーマーヤナは「古典」的系統の物語と共通点が多く見られる。ワヤンの中では演目の様式的構成がより重視されているが観光芸能においては物語全体の筋を伝達することが最も重要な要素となる。物語の提示の仕方も「伝統的な」ワヤンにおける方法とは異なる。観光芸能においては、観客に提示すべき物語の全体像がまず存在し、その筋立てを一回の上演あるいは数回の上演で観客に分かり易く提示す

17 ワヤンの上演では、舞台で上演中の人形遣いにはある種のカリスマ的な力が宿ると信じられている。舞台上の人形遣いに赤ん坊の名づけや病気の治療などを依頼することも以前はよく行われていたという。またルワタン *ruwatan* と呼ばれる厄除けの上演においては、人形遣いの儀礼を執行する力が問われることがある。第1章で述べたようにルワタンの演目「ムルワカラ」においては、魔物バタラ・カラが人形遣いにこの演目を上演する資格について問う。人形遣いは、魔物の問いに答える形で自らの人形遣いの系譜に言及し自分が由緒正しい人形遣いであることを(観衆に)誇示する。

ることが重要となる。したがって場面構成は物語の筋立てに沿ったものになる。2・4・1で事例に挙げたスンドラタリの上演は十場から成っていたが、この十場の構成はワヤンの演目のように場面の機能によって区切られたものではなく、ほとんどの部分は物語の筋立てを区切ったものとなっている。[18] 観光芸能同様に観光芸能として上演される影絵も「伝統的な」影絵における場面構成を踏襲しない。観光芸能における特徴は物語の筋を伝えることが重視されている点であるだろう。

ミッシェル・ピカールはバリ島の観光芸能に関する論考の中でバリ島のスンドラタリの特徴を述べている。それによるとバリ島の伝統演劇の中では物語のプロットは二次的なもので上演はいくつかの様式的な場面から構成されていたのに対して、スンドラタリでは物語のプロットを伝えることに主眼が置かれている（Picard 1990：52-54）。このようなピカールの指摘は、伝統的な影絵や人形劇の上演とスンドラタリにおける物語の提示方法との違いをよく表している。さらにバリ島のスンドラタリにおいては語り手が登場するのに対して、ジャワ島のスンドラタリは語り手が登場せず、物語を表現する言語テクストがほとんど見られない。ジャワ島のスンドラタリは物語の筋を伝達することを主要な目的とする一方で言語テクストを用いない表現形態となっている。一方、観光客向けの影絵の場合には、語り手による言語テクストはあるが演目の場面構成は物語の筋立てを区切ったものとなっており、やはり物語の筋を伝えることが重視されている。

このことは上演の社会的な機能という点ともかかわっている。観光芸能は伝統的なワヤンのように特定の儀礼に付随して上演されるものではない。観光というコンテクストにおいて重視されるのは外部の視線に向けて「ジャワの伝統」あるいは「インドネシアの伝統」を提示することである。ここでは物語の筋立てはわかり易くクライマックスがあり際立った登場人物が登場するなどの見せ場があることが重要となる。観光芸能におけるラーマーヤナの内容が「古典」的系統とほぼ同じであることは、

18　スンドラタリのパンフレットに見られる場面構成の区切り方は、全体としてはほぼ物語の筋立てを区切ったものになっているが、最後の戦いの場面は伝統演劇における場面構成の *perang barubuh* という名称になっており、伝統演劇との共通点が見られる。

その簡潔な内容が外部の人々にも共有されているためであるだろう。[19] 観光芸能の中では、こうしたラーマーヤナのよく知られている物語を「ジャワ独自の」あるいは「インドネシア独自の」演出効果をもって提示するという点が重視される。

　ジャワ島のスンドラタリにおける上演は語りや台詞といった言語テクストを介さずに物語を提示する必要がある。言語テクストを介さず物語をわかり易く伝えるために、スンドラタリではジャワ伝統演劇における定型的な約束事を共有している部分もある。たとえば登場人物を特定しやすいように、踊り手の衣装や立ち居振る舞い・戦い方の特徴に差異を持たせる表現方法には、影絵や人形劇を含むジャワの伝統演劇における「性格」表現との共通点が見られる。スンドラタリの上演では、中部ジャワ様式の大規模な楽器編成のガムラン音楽が採用され、主として中部ジャワ様式の舞踊によって上演が進行する。また観光芸能における影絵の上演は、音楽においても語りや上演の進め方においても中部ジャワの芸術伝統にのっとって行われる。上演の特徴的な要素としては中部ジャワの芸術伝統の独自性は効果的にアピールされる。ここで提示される中部ジャワの芸術伝統はインドネシアを代表し得る特徴的な要素として位置づけられる。[20]

　その一方で、ジャワ人に特有の錯綜した物語を提示することや神秘主義に代表される独特の思想体系を提示することは敬遠される。このような傾向は観光客向けの影絵においても同様に見られる。「伝統的」なワヤンにおけるラーヴァナ誕生のエピソードがジャワ神秘主義の実践を提示しているのは地域社会の中で思想が共有されてこそ意味を成すと先に述べたが、その一方で外部の視線を想定したコンテクストはこうした思想体系を共有する場とは成り得ないだろう。ジャワ神秘主義はジャワ人に独特のもので、インドにおけるオリジナルな物語の中にも見られない。外部の人々にはジャワ神秘主義にまつわる因果関係のゆえに業欲の怪物であるラーヴァナが誕生した経緯は理解しがたいものであり、

19　観光芸能におけるラーマーヤナの上演については、ジャワ島の状況だけでなくバリ島に関しても検討する必要がある。ここでは中部ジャワ・ジョグジャカルタにおけるスンドラタリの現在の筋立てを提示した。だが観光というコンテクストの中で「古典」的なラーマーヤナのいかなるヴァージョンが再編され採用されたのかという経緯に関しては、バリ島の状況も含めて今後さらなる調査が必要だと考えられる。

20　観光芸能においてジャワの芸術伝統を強調するということは、インドネシアを代表し得る表現形態を模索するプロセスの中でも行われた。小池まり子によれば、バリ島でラーマーヤナのスンドラタリが創作された際、上演初期にはジャワ舞踊の振りつけを採用し仮面や衣装などもジャワのものを使用していた。小池は、バリ島のスンドラタリにおいて次第に改変が加えられバリの要素が強調されたプロセスを記述している（小池 2005：62-69）。

またジャワ神秘主義の実践も意味を持たないものであるだろう。

このように観光芸能は、ジャワ独自の要素を強調する一方でそれらを地域社会におけるコンテクストから脱却させたことによって、外部の人々にも理解できて受け入れ易い上演形態として成立した。観光芸能においてはジャワ芸術の特徴的要素を提示しつつラーマーヤナの内容を伝えることが重視されている。

コラム2

カンボジアの大型影絵スバエク・トムにおけるリアムケー

東南アジア大陸部でも、ラーマーヤナはさまざまな芸能の中で上演される。カンボジアでは大型影絵スバエク・トムの中で上演する。カンボジアのラーマーヤナをリアムケーという。主な登場人物名は、以下のようになっている。

リアム王子（ラーマ）
セダー妃（シーター）
レアック王子（ラクシュマナ）
猿の家来たち
ハヌマーン
ソクリープ（スグリーヴァ）
オンコット（アンガダ）
魔王クロン・リアップ（ラーヴァナ）
魔王の妻モンドーキリ（マンドーダリー）
魔王の息子アンタチット（インドラジット）
魔王の弟ピペーク（ウィヴィーシャナ）

カンボジアの大型影絵では、七晩かけてラーマーヤナの物語が演じられる。しかし物語は、魔王ラーヴァナの息子であるインドラジット（アンタチット）の戦死で終了し、その後の戦いについては演じられない。

大野は、仏訳および英訳されたクメール語版のリアムケーと、フランソワ・ビゾによって一九六九年に録音された語り手ミチャクによる口承のリアムケーの双方を考察している（大野 2000 : 155-197）。クメール語版リアムケーはヴァールミーキによるヴァージョンと基本的な筋立ては同じで、ヴァールミーキ版にないエピソードはタイのものと類似している。また口承のリアムケーは、クメール語版とは共通点はあるものの、むしろタイ語版ラーマキエンに酷似しているという（大野 2000 : 194）。いずれのヴァージョンもラーヴァナの死、戦闘後のラーマとシーターの物語などが盛り込まれており、ヴァールミーキのラーマーヤナと同じような道筋を踏襲している。

それにもかかわらず、影絵スバエク・トムのリアムケーはインドラジットの戦死で物語が終了する。その理由はなぜなのだろうか。明確な答えは得られていないが、上演という場であっても魔王を殺す演目がかなり畏れられている、ということはその理由の一つとして推測できる。二〇〇〇年三月にカンボジアのシエム・リアップで行われたスバエク・トムの上演ではインドラジットの戦死の上演の際に大掛かりな供物などが用意された。ジャワ島でもこうした傾向は見られ、ラーヴァナ戦死の演目やマハーバーラタの中のバラタユダの演目は上演頻度が少なく、演じる際には周到に準備がなされ大々的な供物が用意される。

また、その他の理由としては、影絵や仮面劇など、芸術ジャンルによっても物語のどの部分を上演するか、ある程度の棲《す》み分けが見られるようである。

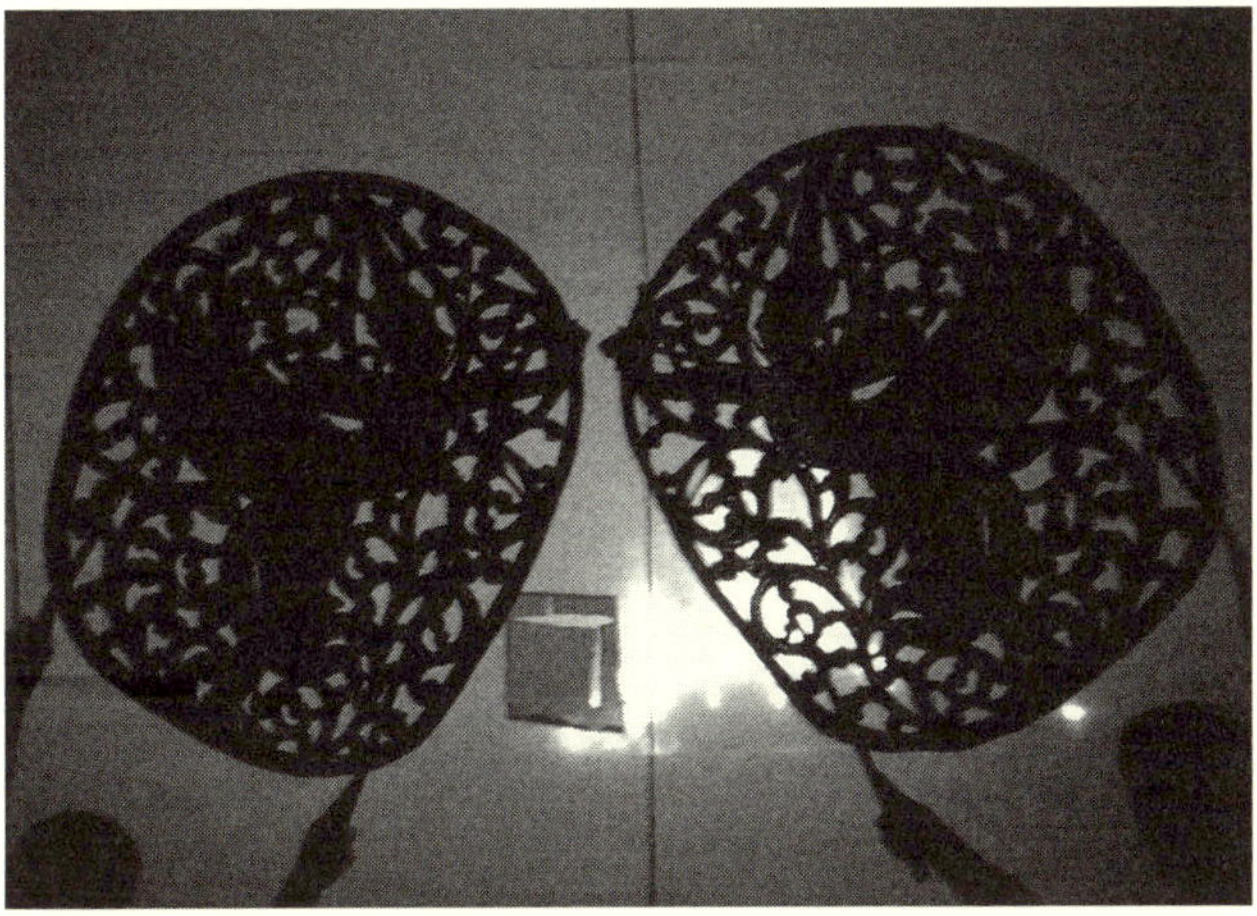

カンボジアの影絵　写真：福岡正太

コラム3

バリのケチャ

インドネシア・バリ島でも、影絵の中でラーマーヤナを上演する。この他にも先に述べた舞踊劇などでラーマーヤナを上演する。また現在では、観光客向けの芸能としてよく知られているケチャ *kecak* の中にラーマーヤナが取り入れられている。ケチャは、複数のパートが異なるリズム・パターンを演じる男声の合唱形態である。これは、もともとサンヒャン *sanghyang* と呼ばれる儀礼の中で演じられていたが、一九三〇年代以降にバリに居住したドイツ人画家ヴァルター・シュピースの助言により観光芸能として再生された。観光芸能として再生されるプロセスでラーマーヤナ物語が採用され、現在ではラーマーヤナを語る舞踊劇仕立ての構成の中でケチャが上演されている。猿の武将たちの活躍する場面においてケチャの上演がフィーチャーされた結果、「モンキー・ダンス」としても知られている。

【参考資料】

インドのラーマーヤナについて

ラーマーヤナは、七編、二四、〇〇〇詩節（シュローカ *sloka*）からなるサンスクリット語の詩である。シュローカは十六音節二行の詩句、すなわち三十二音節を一つの単位とする。

以下に岩本裕によるインドのラーマーヤナについての論考に基づいて、全七編の内容を概略的に記述する（岩本 1980：239-258）。

第Ⅰ編

コーサラ国のダシャラタ王は三人の王妃から四人の王子を得る。カウサリヤー妃からヴィシュヌ神の化身であるラーマ王子が、カイケーイー妃からバラタ王子が、スミトラー妃からラクシュマナとシャトゥルグナが生まれる。ラーマは弟ラクシュマナとともにヴィデーハ国へ行き、ジャナカ王の娘シーターと出会う。シーターはジャナカ王がかつて土地を耕したときに大地から生まれてきた娘であった。ラーマはヴィデーハ国のジャナカ王の宮廷で王女シーターの婿選びの儀式に参加し、ジャナカ王家に伝わる不思議な弓を引きそれを二つに折る。それを見たジャナカ王はシーター姫をラーマ王子に嫁がせる。

第Ⅱ編

老齢となったダシャラタ王は第一王子であるラーマに王位を継がせようと願うが、第二王妃であるカイケーイー妃は第二王子であるバラタ王子に王位を継がせ、ラーマを十四年間追放することを王に要請した。かつてダシャラタ王は、戦場で負傷した際にカイケーイーの介抱により回復した見返りとして、二つの望みを叶えると約束していた。父王に破約の罪を犯させないため、ラーマはシーター妃と弟のラクシュマナを伴なって森に入る。ダシャラタ王は悲しみのあまりこの世を去る。一方バラタは長兄が王位につくべきだと考え、ラーマを迎えに行くがラーマは応じずバラタに履物だけを渡す。バラタはラーマの履物を玉座に置き、ラーマの代理として国を治める。

第Ⅲ編

ラーマ一行は森へ入り、修行者たちの修行を妨げる魔物を退治する。ランカーの魔王ラーヴァナは妹にそそのかされて、シーターの誘拐を企てる。ラーヴァナは手下の羅刹マーリーチャを美しい小鹿の姿に化けさせてシーターの気を引き、ラーマとラクシュマナがそれを追っている隙にシーターを誘拐してランカーへ連れ去る。途中でダシャラタ王の旧友である禿鷹ジャターユスがシーターを救い出そうとするが、ラーヴァナに倒されラーマにことの次第を告げて息絶える。

第Ⅳ編

ラーマとラクシュマナはパンパー川で猿王スグリーヴァと出会う。スグリーヴァは本拠地である洞窟キシュキンダーと愛する妻を兄であるヴァーリンに奪われて嘆いていた。ラーマはヴァーリンを倒しスグリーヴァを援けて王位に就け、その見返りにシーター救出の援助を得る。スグリーヴァは地上のすべての猿を呼び集め四方を探索させる。猿の武将ハヌマンはジャターユスの弟サンパーティに出会い、ラーヴァナの行方を知る。そしてシーターが大海を隔てたランカー島に連れていかれたことを探り当てる。

第Ⅴ編

ハヌマンはランカー島へ行き、ラーヴァナの城に忍び込む。シーターを見つけ出しラーマから預かってきた指輪を手渡し、ラーマが救出に来ると告げる。そのあとハヌマンはランカーを荒らしまわり、ラーマのもとへ戻る。

第Ⅵ編

ラーマはシーターを救出にランカー島へ渡る。大海には海神と猿の力で橋が架けられる。ラーヴァナの弟のヴィビーシャナは兄の悪事を諫めるが、兄に追放されラーマの側へねがえる。ラーヴァナの息子インドラジットは魔術に精通した傑出した戦士であったが、激しい決闘の後ついにラクシュマナに倒される。息子の死に激昂したラーヴァナが戦場に現れ、ラーヴァナとラーマの間に一昼夜にわたる一騎打ちが行われる。ラーマはブラフマー神から授けられた武器でラーヴァナを倒す。ラーヴァナの葬儀が厳粛に行われる。ラーマはヴィビーシャナを王位に就けシーターを救出するが、シーターを再び妻として迎えることを拒絶する。シーターは身の潔白を明かすべく火中に飛び込み、火神アグニが潔白なシーターを抱き上げてラーマに手渡す。ラーマ一行はアヨーディアに帰還し、王位に就く。

第Ⅶ編

民衆の間に、ラーヴァナのもとに長く捕らえられていたシーターが王妃となることに不満が生じ、ラーマはラクシュマナにシーターを森へ捨てさせる。シーターはヴァールミーキ仙の庵に案内され、そこでクシャとラヴァの双生児を生む。長じたこどもたちにヴァールミーキがラーマーヤナを語り聞かせる。物語を朗詠する二人が我が子であると気づいたラーマ王は、シーターを呼び寄せて身の潔白を誓言するよう求める。シーターが「身の潔白を証すならば大地の女神は腕を開け」と誓言すると、地中から女神が現れてシーターを抱きそのまま地中に消える。嘆き悲しむラーマは、ブラフマー神に天上でシーターに再会するよう慰められ、国政を二人の息子に委ねて天上へ昇り、再びヴィシュヌ神になる。

苦行者ヴァールミーキは、ナーラダ仙からラーマの生涯についての物語を聞く。その後ブラフマー神からこの物語をシュローカの詩形で表すように勧められる。ヴァールミーキは弦楽器の演奏に合わせて歌える詩を作り、後世にそれを伝えさせる者として、ラーマの双子クシャとラヴァに教えたとされている。したがって、ヴァールミーキはラーマと同時代の人とされる。

第3章

ワヤンと叙事詩マハーバーラタ

3・1　ジャワ島のワヤンにおけるマハーバーラタ

この章では古代インドのもう一つの叙事詩であるマハーバーラタを取り上げる。マハーバーラタは、バラタ族の後裔《こうえい》で従兄弟同志であるパーンダヴァ五兄弟とカウラヴァ百兄弟の間に起こる王位継承と領地をめぐる確執《かくしつ》と争いを描く。両者の出生と対立の経緯、運命づけられた大戦争バラタユダへと至る壮大な物語は、多くの登場人物像の描写と錯綜した人間関係を織り交ぜながら展開する。第2章でラーマーヤナはワヤンの中での上演頻度が低いことを述べたが、それに対してマハーバーラタはワヤンの中に深く浸透しており上演も盛んに行われている。ワヤンの物語の中でマハーバーラタに関連するエピソードは膨大なレパートリーを形成している。この章ではジャワ島のワヤンにおけるマハーバーラタの特徴を考察してみたい。

インドのマハーバーラタは親族同士の争いを軸にさまざまな神話や説話などが挿入された物語になっているとされており、ジャワ島に伝承されるマハーバーラタにもこうした錯綜した構造が見られる。一方でジャワ島のワヤンで現在見られるマハーバーラタは大戦争に至る前のパーンダヴァとカウラヴァの確執と争い、さらにはクライマックスである大戦争の際の戦いに焦点が置かれている。以下に事例として大戦争における演目の一つである「ガトートカチャの戦死」を取り上げる。

大戦争におけるパーンダヴァ軍の陣営では次の大戦に向けての戦略会議が行われている。敵方カウラヴァの戦士であるカルナに対峙する人物として、パーンダヴァの勇者ガトートカチャが選ばれる。ガトートカチャは闇にまぎれ雲の中に隠れ不意に現われて、カルナを攻撃する。苦戦したカルナは一度しか効力を持たない超能力の武器コンタを使う。コンタをガトートカチャの声に向かって放つと、ガトートカチャはコンタに倒れ戦死する（二〇一三年三月　人形劇の上演）。

この演目は大戦争における戦いを描いた代表的演目として知られている。ガトートカチャは後述するようにパーンダヴァの武将ビーマの息子で、マハーバーラタの中ではアルジュナとともに戦って活躍する。特に西ジャワの人形劇の中では人気の高い登場人物として知られている。この演目では後述するように、ガトートカチャの出生時の出来事を含むさまざまな経緯や人物間の関係が語られる。これらのさまざまな描写は、ワヤンにおけるマハーバーラタに見られる錯綜した人間関係や出来事の経緯を知ってこそ理解できるものであると言えるだろう。

この事例に見られるような大戦争を描いた演目はマハーバーラタの後半に相当するが、以下に松本による論考（松本 1981）に依拠しつつ、マハーバーラタの全体の大筋を概観する。なおここでも登場人物名は原則としてサンスクリットの登場人物名を用いることとする。[1]

古王国ハースティナプラのシャーンタヌ王は美しい女性に出会い求婚する。女性は自分が何をしても咎めないことを条件に結婚に同意する。二人には八人の子が授かるが、妻は次々とこどもたちを河に投げ込んでしまった。八番目の子のときにシャーンタヌ王は我慢できず、妻を制止する。すると妻は自分がガンジス河の女神ガンガーであることを告げ、王のもとを去る。八番目の息子が後の日のビーシュマである。

ガンガーが去った後、シャーンタヌ王は漁師の娘サティヤヴァティーに出会い求婚するが、サティヤヴァティーの父親は、サティヤヴァティーの子が王位を継承することを条件とした。ビーシュマ

1　第2章で述べたように、ジャワ語では第2音節以下のアルファベットの a の発音が〔o〕になる傾向が強い。したがってビーマ **Bima** はビモとなり、カルナ **Karna** はカルノと発音される。一方で西ジャワではほぼアルファベット表記のとおりの発音となり **Bima** はビマ、**Karna** はカルナと記述する。ここではサンスクリット語の表記を採用するが、中部ジャワでのみ見られる名称についてはジャワ語の発音にしたがって記述した。

はシャーンタヌ王の悩みを知り、王位継承を放棄するため、生涯にわたって結婚しないことを誓う。シャーンタヌ王とサティヤヴァティーの間には二人の王子が生まれる。

その後、シャーンタヌ王は死去し、病弱の二人の王子も夭折する。王妃サティヤヴァティーは、ビーシュマに王位継承を懇願するがビーシュマはこれを拒否した。そこで王国の血統を維持するため、聖人ヴィヤーサ（サティヤヴァティーの結婚前の子：ジャワではアビヨソと呼ばれる）に亡き王子の未亡人たちと通じ後継者を残すよう要請する。こうした生まれたのが、兄ドリタラーシュトラと弟のパーンドゥである。兄のドリタラーシュトラは目が見えなかったため、弟のパーンドゥが王位を継承する。

ドリタラーシュトラは、ドゥルヨーダナをはじめとする百人の王子をもうける。百王子はカウラヴァと呼ばれる。パーンドゥは山中で鹿の姿をして交尾していた聖仙を誤って射殺したために、性交すれば死に至る宿命を背負っていた。そこで、パーンドゥの妻クンティーは、マントラ（呪文）を用いて神との間に息子をもうけた。ダルマ神との間にユディシュティラ、風神バユとの間にビーマ、インドラ神との間にアルジュナを得る。また、第二夫人のマードリーは双神アスウィンとの間に双子の王子、ナクラとサハデーヴァを得る。この五人の王子はパーンダヴァと呼ばれる。

その後、パーンドゥは第二夫人マードリーと契ったために命を落とす。パーンドゥ亡きあと、王国を預かったドリタラーシュトラのもとで、従兄弟同志であるパーンダヴァとカウラヴァは武芸の達人であるドローナーを師として一緒に育てられる。しかし、パーンダヴァが武芸に優れていたため、ドローナーはパーンダヴァを可愛がり、カウラヴァはこれに嫉妬する。やがてユディシュティラがハースティナプラ国の王位を継承するに及んで、カウラヴァはパーンダヴァの館に火を放つ。パーンダヴァ兄弟は地下道をつたってインドラプラスタの森に逃げる。

パーンダヴァはインドラプラスタの森を拓き、森は栄える。父をそそのかして、ハースティナプラ国の王になったドゥルヨーダナは、今度はインドラプラスタを手に入れるために、いかさまのサイコロ賭博を計画し、パーンダヴァを追い出し、十三年間の放浪生活を強いる。森に追放されたパーンダヴァは、十二年を森で過ごし、十三年目は、名を変えてウィロト国のマツオパティ王に仕える。そして王からインドラプラスタの森を与えられ、インドラプラスタの国を建設する。

インドラプラスタは繁栄し、力を蓄えたパーンダヴァは、従兄であるクリシュナーを使者に立て、カウラヴァに王国の返還を要求するが、カウラヴァはこれを拒否する。その結果、両者は大戦争バラタユダを起こす。大戦争では、シカンディンとビーシュマの戦い、アビマニュの戦死、ガトートカチャの戦死、ドローナーの戦死、ビーマとドゥフシャーサナの戦い、カルナとアルジュナの一騎打ちなどの物語が知られている。十八日間の戦いでカウラヴァ軍は死に絶え、ハースティナプラ国はパーンダヴァの手に戻るが、パーンダヴァも多くの武将を失う。後にアルジュナの孫に当たるパーンダヴァの嫡子パリクシトが王位を継承するのを見届け、パーンダヴァは昇天して物語は終わる（松本 1981）。

以上のような大筋においては、ジャワ島のマハーバーラタはインドにおけるマハーバーラタの内容をほぼ踏襲する。だがワヤンで上演されるのは主として後半以降のパーンドゥの王位継承以降であり、前段部分は背景の知識となっていると考えられる。そして物語の細部において、ジャワ島のワヤンにおけるマハーバーラタは複雑な因果関係や伏線を含む展開になっており、インドのマハーバーラタに見られない要素を多く含む。以下にワヤンのマハーバーラタにおいてのみ見られる特徴的な要素をいくつか挙げる。

インドのマハーバーラタに登場するシカンディンは、もともとは女性であったが性転換をして男性戦士としてビーシュマと対決する。ビーシュマが女性あるいは以前は女性であった人物とは戦わないと誓ったことにより、シカンディンはビーシュマの対戦相手として選ばれる。しかしジャワ島のワヤンにおいては、シカンディン（スリカンディ）は女性戦士でパーンダヴァの武将アルジュナの第二夫人として位置づけられている。中部ジャワの影絵においては、過去にビーシュマが誤って弓で射殺してしまったアンバーの霊がシカンディンに入魂してビーシュマを倒す、という設定になっている。

中部ジャワの影絵において、カウラヴァ軍の武将となるシャーリアは、その青年時代にラクササ姿である自分の義父（妻の父親）を恥じて義父の同意を得て彼を殺害する（義父の名はバガスパティ）。シャーリアはバラタユダの大戦でパーンダヴァの長兄ユディシュティラと対戦しイスラームの書物を手にして瞑想するユディシュティラの力の前に自滅する。このようなシャーリアの戦死には過去に殺害した義父による呪詛がかかわるとされる（松本 1981：302-314）。

パーンダヴァの武将ガトートカチャの戦死については冒頭に述べたが、彼の戦死の運命は出生時のエピソードにおいて予告される。誕生時になかなか臍の緒が切れず、アルジュナが手にいれた武器の鞘でやっと切ることができるが、その際に鞘はガトートカチャの臍に吸い込まれる。武器の本体はカウラヴァ側の武将カルナが持っており、後にカルナはガトートカチャをその武器を用いて斃《たお》す（Folay 1979：97, Wickert and Purbaya n.d.）。さらに中部ジャワの影絵ではガトートカチャが若いときに誤って殺してしまったラクササの叔父コロブンドノの呪詛もその戦死にかかわるとされる（松本 1981：217-230）。

このように過去の出来事がある人物の運命を決め、それが大戦バラタユダの伏線として機能していく設定がジャワ島のワヤンにおいては顕著に見られる。

ジャワ島のワヤンの上演には、武将あるいは貴公子の従者として道化役者が登場する。通常、善の側の登場人物群とされるパーンダヴァの武将には、スマルとその息子たちの四人の従者が付きしたがう。スマルは本来は最高神バタラ・グルの兄であるイスマヤ神として天界にいたが、人間界に降り、人々（主としてパーンダヴァ）を導く役目を果たす。世の秩序が乱れたときまたは重大な事件が起きたときは、本来の姿であるイスマヤ神に変身する。スマルの息子たちは、ペトル、ガレン、バゴンの名で知られる。バゴンは西ジャワではチェポットの名で知られる。[2]

西ジャワの人形劇に登場するチェポット

これらの道化役者たちはラーマーヤナにも登場するが、その存在はマハーバーラタの中で特に際立っている。それぞれの演目の中で道化役者が重要な位置づけを持つというだけでなく、道化役者をクローズアップした創作の演目がジャワ島のワヤンにおけるマハーバーラタには多く見られる。たとえば西ジャワの人形劇を研究したキャセイ・フォレイは調査の結果としてマハーバーラタの演目を百八十一挙げているが、その中には道化役者をクローズアップした演目が二十三含まれている（Foley 1979：278-304）。マハーバーラタに道化役者の物語が多く含まれる理由は明白ではないが、

2　バリ島では、道化役者パナカワンの名称はこれとは異なる。第1章を参照。またジャワ北岸のチルボンはイスラーム王国発祥の地として知られるが、イスラーム九聖人にちなんで九人の道化役者が登場する場合がある。

おそらく創作の演目の数自体がマハーバーラタにおいて圧倒的に多いことと、これらの従者がラーマーヤナの登場人物の従者としてよりはマハーバーラタのアルジュナやガトートカチャの従者としてより知られているためであると推測される。

インドのマハーバーラタにおいては第六巻の『バガヴァットギーター *Bhagavadgita*』（神の歌）がヒンドゥー教の有名な哲学的詩篇とされている。この詩篇は親族同士が殺しあう大戦が始まろうとする場面におかれている。パーンダヴァ最強の戦士であるアルジュナは敵方にいる親族、朋友を見て戦意を失う。そのアルジュナに対し、何事も顧みることなく各自の本分を尽くすべきことを説き、彼に戦闘を決意させようとするクリシュナーの言葉としてこの詩篇が語られる。アルジュナの戦いへの疑念は生の本質を問うことにまで至り、クリシュナーはついに月と太陽を目として口から火を吹く巨大なラクササに変身し、自らの神性顕示を行い、アルジュナに生の本質や武将としての義務を果たすことを説く。一方、ジャワ島のワヤンにおいて、『バガヴァットギーター』は、上演の中で詳しく触れられることはない。むしろアルジュナの戦意喪失に対するクリシュナーの教訓は、「カルナの一騎打ち *Karna Tinanding*」の演目において、アルジュナが異父兄カルナとの戦いを前に戦意を喪失する場面で見られる（松本 1981 : 148）。クリシュナーがラクササに変身するのは、中部ジャワのワヤンでは、「クリシュナー使者に立つ *Kresna Duta*」において見られる。松本は、クリシュナーの神性顕示は物語の展開に沿ってよりドラマチックな解釈を加えられたため、「バガヴァットギーター」の本来の場面から「クリシュナー使者に立つ」の一場面に移し変えられたのではないかと推測している（松本 1981 : 148-149）[3]。

3 使者に立つクリシュナーの神性顕示は、サンスクリットのマハーバーラタにおいても「クリシュナーの使節」（第七〇章一三七章）において見られる（上村 2002 : 376-377）。

3・2　マハーバーラタのジャワ島への伝播

十八篇から成るサンスクリット語の物語の中で古代ジャワ語へ翻訳されたものが部分的に見られる。十世紀末頃の翻訳としては第一篇と四篇から六篇が現存する。これは、東部ジャワのダルマワンサ王の時代、九九六年頃に翻訳されたと推定されている。さらに後代の翻訳として、第十五から十八篇が現存する。これらはいずれも、散文体によるパルワ作品の形で残されている。[4]

このほかにサンスクリット語のマハーバーラタ物語の第三篇に取材した翻案である『アルジュナウィワハ』と、第五から十篇に取材した『バラタユダ』が韻文作品であるカカウィンの形式で残されている（松本 1994：90）。

『アルジュナウィワハ *Arjunawiwaha*』（「アルジュナの饗宴」）は三十六詩篇から成るカカウィン作品である。この物語はマハーバーラタに登場するパーンダヴァ五兄弟の三男であるアルジュナをめぐって展開する。アルジュナは武芸に秀でた貴公子で多くの女性を魅了する美男子とされている。「アルジュナウィワハ」は、サンスクリット語のマハーバーラタの第三篇「森の書」から素材を得た、ジャワ独自の翻案である。山中で苦行するアルジュナがインドラ神の要請によって天界を脅かす魔王を退治し、その報酬に天女と天界での七日間の結婚生活を楽しみ地上に帰還するまでを描いた作品である。この作品は東部ジャワ・クディリ王国のアイルランガ王（在位一〇一九～四九年）の時代に宮廷詩人ムプ・カンワによって書かれたとされている。アイルランガ王をアルジュナに擬し、苦行に耽るよりは迫り来る国難に立ち向かうように暗に王を諌めた作品であるされる（松本 1994：90）。同じく韻文作品

4　古代ジャワ文学には韻文作品であるカカウィンと散文作品であるパルワとがある。『アルジュナウィワハ』や『バラタユダ』はカカウィンの形式で記されている。また、ラーマーヤナ物語の最初のジャワ語訳もカカウィンの形式で著された。

カカウィンの形式で書かれた『バラタユダ』はマハーバーラタのクライマックスである十八日間にわたる大戦争を描いた物語である。七百三十一連の四行詩から成る作品で、クディリ国のジョヨボヨ王（在位一一三五～五七年）の時代に王の魔除けの書として書かれたとされる（松本 1981 : 21-22）。以上のようなパルワ作品とカカウィン作品は、ジャワ島とバリ島の多くの文学作品や上演芸術に多大な影響を与えた。これらの作品の他にも、実際のワヤンの上演に直接の影響を及ぼした書かれたテクストがある。

中部ジャワにおけるマハーバーラタ物語に関する論考の中でシアーズは、現在のワヤンの中で上演されているマハーバーラタの土台となったテクストとして、十九世紀に中部ジャワで活躍した宮廷詩人ロンゴワルシト *Ranggawarsita*（一八〇二～七三）による「古の王の書」*Pustaka Raja Purwa* と二十世紀初頭に書かれたマハーバーラタのテクストを挙げている（Sears 1991）。

ロンゴワルシトの「古の王の書」は十九世紀中頃に成立したとされる。ロンゴワルシトが行ったことは、ワヤンの物語群を年代順にアレンジしたことである。ここでは「アルジュナサスラバーフ」物語群がインドの影響を受けた最も初期の物語群とされている。この物語群はラーマ王子以前に魔王ラーヴァナを制圧していたアルジュナサスラバーフ王にまつわる物語群である。そのあとに「ラーマーヤナ」物語、そして「マハーバーラタ」物語がこれに続くものとして位置づけられる。これらの三つの物語は約三百の物語群としてジャワ語の散文 *gancaran* の形式で残されている。ここではそれぞれの物語の最低限の概略が記されている。中部ジャワにあるすべての宮廷はこの作品の手書きの原稿を持っており、その他の手書き原稿または印刷物が十九世紀の終わりから二十世紀にかけて激増した（Sears 1991 : 64）。シアーズによればこれらのテクストを各地の人形遣いが所有しているケースは少ないが、十九世紀の終わりに中部ジャワのスラカルタ王宮で各地の人形遣いを集めて「古の王の書」の物語を教えていたため多くの人形遣いがこのテクストについて知っていた（Sears 1991：65）。

一方二十世紀初頭に中部ジャワで書かれたマハーバーラタとは、以下の二つのテクストである。一つはスラカルタのマンクヌガラン王宮で使っていたテクストで、パルトウィロヨ *Partowiroyo* によって書かれた。このテクストはオランダ人学者によって持ち込まれたインドのテクストの英語版のジャワ語訳だとされる。これにはジャナメジャヤ *Janamejaya* 王の蛇の供儀が記されているほかに、ヴァイシャンパヤナ *Vaishampayana* によって語られるパーンダヴァの物語、という形式をとって書かれており、原典により忠実な内容を持つ。もう一つは同じく二十世紀初頭にレシ・ワハナ *Resi Wahana* によって書かれたもので、パルトウィロヨのテクストに影響を受けたものとされている。このテクストはジャワ的な神秘主義の影響を強く受けており、レシ・ワハナ自身が一九三〇年代にジャワで盛んであった神智学的な潮流の追随者であったとされる（Sears 1991：66）。

西ジャワの人形劇においては、中部ジャワの人形遣いの上演と演目のレパートリーが主に北海岸のトゥガル、チルボンを経由して伝えられた（Foley 1979：23-30）。上演と演目のレパートリーのみならず、中部ジャワで書かれたテクストを含む多くのテクストも西ジャワにおけるマハーバーラタ「世界」の形成に影響を与えた。西ジャワにおけるマハーバーラタの代表的テクストは地方語であるスンダ語の詩ワワチャン *wawacan* の形式で翻案されたものである。このテクストは一九二〇年代に詩人であり文学者であったR・メメッド *Raden Memed Sastrahadiprawira*（一八九七～一九三二）によって最初の七巻が出版され、メメッドの死後にサチャディブラタ *Raden Sacadibrata*（一八八六～一九七〇）によって後続の四巻が出版された（Rosidi 2000：389）。また詩人であったサルムン *Salmun, M.A.*（一九〇三～一九七二）は、詩、戯曲、小説などのさまざまな形式で多くの物語を書いたが、一九五〇年代に「マハーバーラタ」と題して、このメメッドの翻案の改訂版を発表した（Rosidi 2000：389）。ワイントロウブによると、サルムンの著したマハーバーラタは『ヴィヤーサのマハーバーラタ *Mahabharata Karangan Wyasa*』というタイトルで、一九五五年に書かれたものである（Weintraub 2004 : 58）。スンダ語のワワチャンに翻案されたマハーバーラタの原本になったのはサンスクリット語のマハーバーラタのオランダ語訳のテクスト *Gewijde verhalen en legenden van de Hindoue's*（Dr. Henriette W. J. Salomons によって書かれた）であった。したがってこのスンダ語のテクストは、サンスクリット語の原典により忠実な内容を持ち、現在の人形劇の上演の演目とは内容の異なる点が多い。特に顕著な相違点は、人形劇の上演の中で重要な役割を果たす道化役者の登場人物群がワワチャンのマハーバーラタの中に見られないという点である（Rosidi 2000 : 389-390）。

先に挙げたロンゴワルシトによる『古の王の書』は、一九六〇年代にジャワ語から西ジャワの地方語であるスンダ語への翻訳がなされた。翻訳を行ったパルタスアンダ *Raden Oemar PartaSuanda*（一九〇四～一九六六）は、西ジャワの木偶人形劇の近代的スタイルを確立したとされる人形遣いで作曲家であった（Rosidi 2000 : 500 ; Weintraub 2004 : 62）。パルタスアンダの翻訳は『王の書の要約 *Ringkesan Pustaka Raja Purwa*』と題し、U・J・カティジョ *Katikjo Wiropramudjo* によるインドネシア語訳に基づいて一九六〇年にスンダ語訳として出されたものであった（Weintraub 2004 : 62）。また人形遣いであり文学者であったアファンディ *Affandi, Moh.A.*（一九一三～一九七二）は、多くの物語をスンダ語の詩 *dangding*、散文、挿絵入りの物語として雑誌や新聞に紹介した（Rosidi 2000 : 24）。

中部ジャワにおける状況と同様に、これらの書かれたテクストは人形遣いが上演の中で台本として用いることはなかった。特に西ジャワのケースでは、中部ジャワから伝わったテクストを翻案するという形で書かれたテクストが成立した。西ジャワにおける人形劇の上演スタイルは、ジャワ島北海岸のトゥガルやチルボンなどを経由して中部ジャワから伝わったものをもとにして十九世紀の中頃に確立したとされる（Foley 1979：23-30）。

したがってこれらのテクストの成立は西ジャワにおけるワヤンの上演スタイルの成立を促したというよりはテクストは上演を追うような形で普及した、と考えられる。パルタスアンダ、アファンディなどは人形遣いとして国営ラジオ局で人形劇の上演を行っていたため、彼らの上演にこれらの翻訳されたテクストが影響を及ぼした可能性は強い。パルタスアンダは中部ジャワのテクストのスンダ語訳の他にも人形遣いのための手引き書を執筆している（Weintraub 2004：63）。『スンダにおける人形遣いのレッスン *Pangadjarang "Ngadalang" di Pasundan*』と題するこの教科書は、人形遣いを志す人たちに向けて一九六〇年に書かれた具体的な上演内容や決まりについての入門書である（Weintraub 2004：63）。したがって西ジャワの人形遣いたちは書かれた文献に触れる機会がまったく無かったわけでは決してない。にもかかわらず、これらの書かれた資料はワヤンの上演にあまり強い影響力を持たなかった（Foley 1979：13）。その理由は、人形遣いの多くが上演を伝承する際にこれらの文献資料を用いる習慣を持たなかったことと、中部ジャワの王宮に代わるような書かれたテクストを伝えるための場が西ジャワの人形遣いたちにはなかったことなどが考えられる。書かれたテクストはワヤンの上演の土台になったというよりはむしろ印刷物を通して広く普及し、文化人や知識人たちに知られるようになったと言えるだろう。

中部ジャワの影絵の中ではマハーバーラタを語るエピソードの総数は基本をなすもので約二百、その他の創作などを含めると総数はつかみがたいとされる（松本 1982：249-250）が、このうち大戦争バラタユダを描いた部分がほぼ十五のエピソードとされる。キャセイ・フォレイは、西ジャワの人形劇の演目総数を約二百五十一と想定して、そのうちの百八十一がマハーバーラタであることを示している（Foley 1979：124-125）。この膨大な演目の数はマハーバーラタがジャワ島に深く根付いて独自の発展を遂げてきたことを物語る。

このようにジャワ島のワヤンの上演レパートリーにおいては、ラーマーヤナに比べてマハーバーラタの方が圧倒的に多数である。マハーバーラタに関するワヤンの演目は数百に至る膨大なレパートリーを持つ。特にその中で創作された演目群が非常に多いという特徴がある。なぜマハーバーラタには多くの創作された演目があるのだろうか。この疑問に対してスンダ人文学者のアイップ・ロシディ *Ajip Rosidi* は、登場人物が多くそれぞれが特徴的であるため登場人物にまつわる物語を創作しやすい、という理由を述べている（インタビュー：二〇〇二年十月十四日）。これらの創作の演目はバラタユダの大戦に至る前の段階、すなわちカウラヴァがハースティナプラを治めパーンダヴァがインドラプラスタを治めていた時代に集中している。そして創作の演目もさまざまな伏線がバラタユダにおける登場人物の運命につながるように構成されている場合が多い。

またもう一つの理由としてはジャワ的な神秘主義の一つであるクバティナンに関する演目がマハーバーラタに多いということが挙げられる。第2章で述べたラーヴァナ誕生のエピソードにもジャワ神秘主義の影響が見られたが、マハーバーラタにおいてもジャワ神秘主義にかかわる演目が多く見られる。クバティナンの信者の間ではワヤンの英雄たちの瞑想や修行、それによって得た超能力などがしばしば言及され、人々の信仰の対象となっている。中部ジャワのクドゥス県には、パーンダヴァとカウラヴァの共通の祖父であるヴィヤーサ（アビヨソ）の墓地があると信じられており、ここを巡礼地として訪れる者もあるという（福島 2002：31）。マハーバーラタの演目には、さまざまな登場人物を取り上げてジャワ独自の思想を展開した演目が多い。その典型的な例の一つが「デワ・ルチ」と題する演目である。この演目は五兄弟の次男であるビーマにまつわる出来事を描く。ビーマは武芸の師ドローナーの申しつけにより「生命の水」を探す旅に出る。その旅の中でビーマは自分自身の内面であるデワ・ルチに出会う。ワヤンの中ではデワ・ルチはビーマと同形で小型の人形として登場する。ビーマはデワ・ルチの耳の中へ入り、自己の内面を旅する。帰ってきたときには、ビーマはすでに己を知る者となる。ドローナーの申しつけはバラタユダが始まる前にビーマを亡き者にしようという企みであったにもかかわらず、ビーマはドローナーに敬意を表する。この演目は、特定の登場人物をジャワ神秘主義の体現者としてクローズアップした独特な演目であると言えるだろう。

「デワ・ルチ」に代表されるように、マハーバーラタの人物設定に基づきながら、ジャワの神秘主義を提示するワヤンの演目が存在する。創作された演目は無限大に存在することになるが、中には広くジャワの人々に知られた結果、もはや「創作」ではなく古典的演目となっているものも多い。「デワ・ルチ」は、ジャワ独自の演目ではあるが基本的な演目として多くの人々に知られている典型的な例である。[5]

3・3　主要な登場人物

ジャワ島のワヤンにおいてマハーバーラタのレパートリーが多く存在するのは、物語がより浸透しているだけでなくマハーバーラタの登場人物たちがよく知られていることにも拠ると考えられる。人々はワヤン上演を通してマハーバーラタの個々の登場人物像に関する多くの情報を知っている。ある特定の登場人物像が形成されるプロセスについては3・5において詳述するが、以下にジャワ島のワヤンにおけるマハーバーラタの主要な登場人物について記述する。

5　「デワ・ルチ」は第6章において述べるR・A・コサシのワヤン・コミックの中でも取り上げられている。コサシのワヤン・コミックは、特定の地域様式に傾倒することなくサンスクリットの叙事詩の内容に比較的忠実であるとされている。「デワ・ルチ」が、コサシのワヤン・コミックの素材となっていることは、この演目がすでにジャワの人々をはじめ多くの人々に知られている有名な演目であることのあらわれでもあるだろう。

パーンダヴァ側

①ビーマ

五王子の次男。風神バーユの血を引く剛勇の武将。ビーマにまつわるエピソードは多く別名も多い。ビーマは硬い粘膜に包まれたまま産み落とされ、長い間誰もそれを割ることができなかったが、風神バーユが硬い粘膜の中に入り髪形や衣装を整え、セナという名の象がその粘膜を割って、嬰児を出現させた。このエピソードのゆえに、ビーマはブラタセナ(セナの作ったもの)という別名を持つ。中部ジャワの影絵のビーマは風神バーユの力を授かった者のしるしとして、市松模様の衣装、両手の鋭い爪(ポンチョノコの爪と呼ばれる)、額のこぶを持つ。この三つを持つのは、風神バーユの他はビーマとラーマーヤナ物語に登場する猿の武将ハヌマーンの三人だけだとされる。西ジャワの人形劇のビーマは両手に鋭い爪を持ち、首に蛇が巻かれているのが特徴である。ビーマの人形は丸い目と大きな鼻を持ち、やや粗野な性格に属する。剛勇の武将で強くまた崇高な精神を持っていることから、最高の武将の一人とされる。

②アルジュナ

五王子の三男。インドラ神の血を引く。最強の武将であり貴公子。世の中の正法を守護する。美男子で多くの女性たちを魅了する貴公子。アルジュナもビーマと同様に多くの別名を持ち、それらの別名をジャワ人やスンダ人が名前として用いることも多い。武芸に長けており、神々から多くの超能力の武器を与えられており武将としても最強の人物である。うつむき加減の頭の位置は男性の洗練された貴公子の性格を示す。

③ガトートカチャ

ビーマと魔物の王女ヒディンビとの間の息子。父の力を受け継ぎ、空中を飛翔することができ、母の力により暗闇を見透かすことができるとされる。バラタユダの大戦では叔父に当たる敵将カルナと戦い命を落とす。

④クリシュナー

ヴィシュヌ神の化身。パーンダヴァの従兄弟であり、アルジュナの朋友である。常に冷静な判断を行い、五王子を勝利に導く戦略家。

⑤アビマニュ

アルジュナとスバドラーの息子。バラタユダの大戦では、敵陣に囲まれ矢を受けて若い命を落とす。彼の死後に誕生する息子パリクシットが後にパーンダヴァの嫡子として王家を継ぐ。

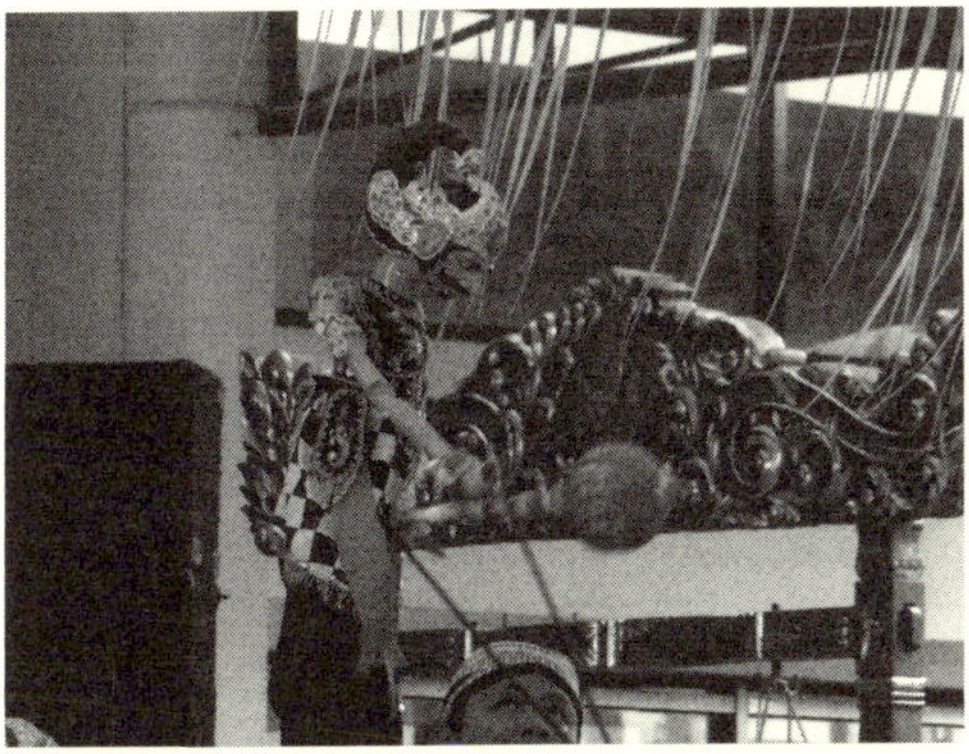

武器を持つビーマ

馬に乗るアルジュナ

ガトートカチャ

⑥スバドラー

クリシュナーの妹であり、アルジュナの第一夫人。賢夫人として夫に仕える貞節な女性。

⑦シカンディン

アルジュナの第二夫人。弓の名手でバラタユダの大戦では、唯一の女性戦士として戦い、敵方の老雄ビーシュマと対戦する。

カウラヴァ側

①カルナ

カウラヴァ側の武将であるが、本来はパーンダヴァの異父兄弟である。パーンダヴァの母であるクンティーと太陽神スルヤの間に生まれた。高潔な性格を持ち、アルジュナに匹敵する武芸の達人である。バラタユダの大戦ではアルジュナに倒される。

②ドゥルヨーダナ

別名スユダナ。パーンダヴァ五王子と対立し反目するカウラヴァ百王子の長男。バラタユダの大戦では、ビーマとの棍棒戦で命を落とす。

道化役者、従者

①スマル

パーンダヴァの従者として登場する道化役者。多くの場合、特にアルジュナの従者として登場するが、その真の姿はイスマヤと呼ばれており、最高神バタラ・グル（インドにおけるシヴァ神）の兄弟として天界にいた。父の命により地上に降りて人間たちを守護している。スマルは外見上はさまざまな欠陥を持つが、それゆえに具体的存在を超えた特別な存在とされている。影絵の上演の中では、パーンダヴァ兄弟（あるいは善の側の武将）を導き世界の不穏を沈めて浄化する存在とされる。いつも離れることのない、ペトル、ガレン、バゴンという三人の息子とともにパナカワンと呼ばれている。通常は息子たちのいさかいに始まってそれをスマルがいさめる形でさまざまな風刺や批判を展開し、パーンダヴァ兄弟が直面している難題の解決策などを提案する。いざという場面になると本来のイスマヤ神に変身し神格を発揮する。

3・4　ジャワ島のワヤンにおけるマハーバーラタの演目

ワヤンの中で一晩かけて上演されるのは、叙事詩マハーバーラタ中の一つのエピソードに基づく演目である。ワヤンの演目は、通常ある一つの事柄をクローズアップしながら展開する。演目のタイトルは多くの場合、登場人物の名前とその人にまつわる出来事を表す。たとえば、「アビマニュの誕生 *Abimanyu lahir*」、「カルナの一騎打ち *Karna Tinanding*」、「アストラジンガの結婚 *Astrajingga Rarabi*」（アストラジンガは、西ジャワの人形劇に登場する道化役者チェポットの別名で、中部ジャワのバゴンに相当する）、などである。また「ジャバン・トゥトゥカ *Jabang Tutuka*」、「ミンタラガ *Mintaraga*」などのように、登場人物の名前のみがタイトルになる場合も多い。これらの名前は、ある登場人物の別名（ジャバン・トゥトゥカはガトートカチャの幼少時の名前、ミンタラガは苦行中のアルジュナ）である場合が多い。このように演目の中では、特定の登場人物をクローズアップすることが普通である。[6]

6　第1章で述べたように、ジャワ島では人生のさまざまな段階で行う儀礼に際してワヤンを上演する。通常、儀礼に伴う上演では儀礼の内容に相応しい演目が選ばれる。たとえば結婚式であれば、高潔な王や武将の結婚を描いた演目、誕生にかかわる儀礼であれば、剛勇の武将や絶世の美女の誕生の演目などが好まれる傾向がある。ワヤンの演目における登場人物をクローズアップするという傾向は、このように儀礼の際の上演演目を決める場合にも重視されている。

これらの演目にはマハーバーラタの大筋に基づくものもあり、また一方でマハーバーラタの登場人物設定に基づいた人形遣いの独自の創作の演目もある。以下に演目の実例を挙げる。

3・4・1　バラタユダの大戦に関する演目群

大戦争バラタユダに関する演目は、実際に上演される機会は多くはない。それは、戦いと戦死の場面を現実に上演することが畏れられているためだとされている。主催者はこれらの演目を上演する際には供物などを念入りに準備して上演が無事に終了するように細心の注意を払う。不手際が起こって上演が滞るようなことがあった場合には日常世界において不吉な出来事が起こると言われている。たとえ上演の中であれ、神聖な登場人物を戦死させることに対してジャワの人々は強い畏れを抱いている。これはジャワの人々にとって上演の世界と日常世界とが決して無関係ではなく、上演の世界が日常世界に強い影響力を持つと信じられていることのあらわれであるだろう。

上演機会は少ないが大戦争バラタユダに関する物語は広く知られている。以下にいくつかのエピソードを挙げて、それらの内容を紹介する。

（1）ビーシュマの戦死 *Bisma Pecah*

ビーシュマはシャーンタヌ王とガンガー女神の間の息子である。パーンダヴァとカウラヴァの父であるパーンドゥとドリタラーシュトラの叔父に相当する。父王シャーンタヌが後にサティヤヴァティーと結婚するに際して、義弟たちと後継者争いにならないために生涯独身を誓う。ビーシュマが義弟たちのためにアンバー、アンビカー、アンバリカーの三姉妹を連れて自国へ帰る途中、アンバーはビーシュマとの結婚を望んで追いかけてくる。生涯、独身を誓ったビーシュマは結婚することはできないと言って、アンバーを脅すために矢をつがえる。すると誤って矢は放たれ、アンバーは死ぬ。アンバーの魂は昇天せずにビーシュマの死を待ちわびていた。バラタユダに際してアンバーは、弓の名手で女戦士のシカンディンに入魂しビーシュマを戦死させる。ビーシュマは自ら望むまで死ぬことはないため、戦場で剣の束を枕に横たわりバラタユダの行く末を見届けてから自らの命を終える。

（2）アビマニュの戦死 *Jaya Renyuan*

アビマニュは、パーンダヴァの三男アルジュナと正妻スバドラーとの間の息子である。この若き武将は、バラタユダの戦いでドローナーの戦隊に囲まれ、その体に多くの矢を受けて戦死する。妻であるシティスンダリはアビマニュとともに死の祭壇の炎に包まれる。もう一人の妻であるウタリが後に生む息子パリクシトが、パーンダヴァの嫡子としてハースティナプラを担うことになる。

（3）ガトートカチャの戦死 *Gatot Kaca Gugur*

この章の冒頭で述べた演目である。ガトートカチャはパーンダヴァの次男ビーマとラクササの王女ヒディンビとの間の息子である。この物語はガトートカチャの誕生時のエピソードと関連を持つ。ガトートカチャが生まれたときに臍の緒を切ることができなかった。アルジュナは天界の神から超能力の武器コンタを得るために出発する。アルジュナに武器を授けようとしたナラダ神は、太陽神スルヤの出す強烈な光に目が眩みアルジュナによく似た武将カルナに誤って武器を授けてしまう。アルジュナは武器を得るためにカルナと戦うが、コンタの鞘だけを手にして帰る。ガトートカチャの臍の緒はコンタの鞘で切られるが、その際に鞘はガトートカチャの臍の緒に吸い込まれる。大戦争ではガトートカチャはカルナと対戦しカルナのコンタに斃《たお》れる。一度しか使用できないコンタをこの戦いで使ってしまったカルナは次のアルジュナとの対戦に敗れることとなる。

（4）カルナの一騎打ち *Karna Tinanding*

カルナの戦いは、ワヤンの演目中でも有名で、多くの人々に知られている。カルナはパーンダヴァの母クンティーと太陽神スルヤとの間の息子であり、パーンダヴァの異父兄に当たる。パーンダヴァの正義を知りつつも、恩義を受けたカウラヴァ側に最後まで忠誠を尽くす。ガトートカチャとの戦いにおいて、一度しか使えない秘術の武器コンタを使用してしまったカルナは、アルジュナとの一騎打ちでアルジュナの秘矢パソパティに射られ命を落とす。

これらのエピソードは、いずれも過去に起こった事件や出来事が大戦争バラタユダにおける戦いの原因となり戦いの結果に影響を与えている、という内容である。その点でこれらのエピソードにはインドにおけるマハーバーラタには見られないジャワ島独特の要素が多く見られる。上記のような登場人物たちの戦いや戦死に関する物語はインドのマハーバーラタにも存在するが、戦いの結果をもたらす因果関係についての部分がジャワ島に独特の内容となっている。

3・4・2 パーンダヴァの放浪時の演目

以下に中部ジャワの影絵における演目である「ブラタセナ・ブンブ *Bratasena Bumbu*」の内容を記述する。パーンダヴァ五王子がカウラヴァ百王子の策略の末、さいころ賭博に負けて森の中を放浪中の物語の一部である。ブラタセナは五王子の次男であるビーマの別名であり、ブンブは調味料あるいは香辛料という意味を持つため、この演目のタイトルは「調味料を塗ったブラタセナ」という意味になる。一九九五年十一月にジャワ島クラテンで行われた影絵の上演（人形遣い：クスディック）に基づいてこのエピソードの内容を以下に記す。

パーンダヴァがカウラヴァの画策によって森の中での放浪生活を余儀なくされたとき、ブラタセナはある苦行所にたどりつきその主であるブガワン・イジュロポと息子のバンバン・ラワンが嘆いているのを知る。村人がボコという名の食人鬼に次々に食べられてしまい、次は自分の番だとイジュロポは全身に美味な調味料を塗るように食人鬼から命じられていた。ブラタセナはイジュロポの身代わりになって全身に調味液を塗って食人鬼ボコのもとへ向かい、ボコと戦って彼をたおす。

このエピソードはサンスクリット語のマハーバーラタの中にも存在する（上村 2002：32-43）[7]。しかし物語の細部にはいくつかの違いが見られる。特に演目のタイトルであるビーマが香辛料を体に塗る部分はインドのマハーバーラタには見られない。またジャワ島のビーマは握りこぶしから一本突き出す強力な爪（ポンチョノコと呼ばれる）を持つとされる。これは風神バーユから受け継いだ印とされている。戦いの中でビーマはこの爪を用いて怪物ボコを斃《たお》すが、インドのマハーバーラタの中では樹木を引き抜いて戦う。

このエピソードの内容は一見したところ、バラタユダの戦いとは無関係のように見えるが、中部ジャワのジョグジャカルタ周辺の地域では以下のような伏線も見られる。ブラタセナが鬼を退治してくれたことに喜んだイジュロポ父子は後の日の大戦バラタユダの開戦に際して人身御供となることを誓い、バラタユダ開戦の物語の中でもう一度登場して人身御供となる。

7　サンスクリットのマハーバーラタにおけるこの物語は一四五章〜一五二章の「バカ殺し」というエピソードに相当する。パーンダヴァは、あるバラモンの家でもてなしを受ける。パーンダヴァの母クンティーはその家族が怪物の犠牲となる運命を嘆いていることを知る。ビーマは身代わりになって怪物バカを倒す、という内容を持つ（上村 2002：32-43）。しかしサンスクリットのマハーバーラタには、ジャワの演目のタイトルにもなっているビーマが身体に調味料を塗る部分は見られない。またサンスクリットのマハーバーラタではビーマは樹木を引き抜き樹木戦で怪物をたおすとされているが、ジャワの演目ではポンチョノコの爪で怪物をたおす。

3・5　登場人物像の形成

すでに述べたように、ワヤンの演目はある登場人物をクローズアップしてその人物にまつわる出来事について描いたものが多い。特にマハーバーラタの場合には特徴的な登場人物が多いため、特定の登場人物にまつわる物語が多く存在する。ここでは特定の登場人物を取り上げて演目によってその人物にかかわる情報が蓄積されていくプロセスを示す。

ある一つの演目は上演の中で登場人物の生い立ちや性格、主要な出来事などに関する情報を示す。西ジャワの文学者アイップ・ロシディはこれらの情報を登場人物の「伝記的情報 *biographical information*」として位置づけている（インタビュー：二〇〇二年十月十四日）。伝記的情報は演目によって示されると同時に、演目を構成する際に重要な要素でもある。マハーバーラタの主要な登場人物たちは、それぞれ独特の生い立ちと運命、類型化された性格とそれにふさわしい行動様式、さまざまな事件や出来事の経験などを持つ。それらは人形遣いが自らの創意のために変更することはできず省略することも許されないものであり、演者も観衆も含むジャワの人々に広く知られている[8]。これらの情報はバラタユダの大戦について直接言及する場合もしない場合もある。しかし多くの情報はしばしばバラタユダの伏線として機能する。登場人物に関する伝記的情報は、上演における演目の中で常に提示される。このようにワヤンの演目は登場人物の伝記的情報に基づいている。

たとえば、マハーバーラタの剛勇の武将であるビーマに関しては誕生のエピソードである「ビーマ・ブンクス」（包まれたビーマ、の意）やビーマが人生の意味を探求する演目「デワ・ルチ」などがよく

8　たとえば演目の都合上ある武将をバラタユダの大戦前に戦死させてしまった場合などは、神々によって蘇生させられるなどの対策を講じて大戦前の状態にリセットしておく必要がある。

知られている。貴公子アルジュナであればアルジュナが天界の危機を救いその報酬に天女との結婚生活を過ごす演目「アルジュナ・ウィワハ」（アルジュナの饗宴、の意）やアルジュナとスバドラーとの結婚のエピソードである「パルタ・クラマ」などが知られている。ワヤンを観る人々はある特定の登場人物にまつわる重要な出来事とそれを描いた演目についてもよく知っている場合が多い。

以下に西ジャワの人形劇における登場人物ガトートカチャを例に、伝記的情報が形成されるしくみを示す。ガトートカチャはパーンダヴァ五兄弟の次男であるビーマの息子として知られる。誠実な人格と比類なき強さを持ちながら、最後にはバラタユダの大戦で自らの叔父であるカルナの武器に倒される運命を辿る。ガトートカチャはインドのマハーバーラタにおいてはそれほどクローズアップされることがないようだが、中部ジャワの影絵と西ジャワの人形劇の双方において人気の高い登場人物である。ガトートカチャの人気はインドネシアの初代大統領であったスカルノが演説の中でガトートカチャをインドネシア建国に自らを投じた民族主義者たちにたとえたことにも起因する。

ガトートカチャの持つ類型化された性格は、「宰相の性格」*ponggawa lungguh* と呼ばれている。これは人形の形態と動き方、語り方などのすべての要素を規定する。このタイプの人形はややうつむき加減の顔と大きな目を持ち、話すときは低く思慮深い声で話し、ダイナミックな舞踊と戦い方を見せるなどの特徴を持つ。人形遣いはそれぞれの登場人物の伝記的情報と類型化された性格カテゴリーなどの事項を知っている必要があり、創作の演目も基本的演目も含めたすべての演目をこれらの事項をふまえて上演する必要がある。

西ジャワの人形劇を研究したフォレイによると英雄ガトートカチャに関する主要な伝記的情報はほぼ以下のようにまとめられる（Foley 1979 : 97）。

①パーンダヴァ五兄弟の次男であるビーマと羅刹の女性ヒディンビを両親とする。②ビーマの血を

引いているため空を飛ぶことができ、母のヒディンビの血を引いているため闇を見透かすことができる。③誕生に際して臍の緒が切れず、超能力の武器コンタの鞘で臍の緒を切った。その際に鞘は臍の緒に吸い込まれた。（これは、後の日のバラタユダにおいて、ガトートカチャが超能力の武器コンタを持つ武将に斃《たお》される運命を示す。）④幼少時に神々によって天界の火山の火口に投入され、一瞬のうちに成長し鋼の体躯を得た武将として火口から再び登場し、魔物ナガ・プルチョナを倒した。⑤母ヒディンビの国であるプリンゴダニを攻撃した叔父（母の兄）のブラジャムスティを倒した。斃れたブラジャムスティはガトートカチャの左手に入り、そのためガトートカチャは左手から強力な一撃を出すことができる。⑥アルジュナの娘であるプルギワを妻にした。⑦バラタユダの大戦において、叔父であるカルナの持つ超能力の剣コンタに斃れる。

これらの情報はそれぞれ、対応する演目を持つ。①から④に至る伝記的情報には「ジャバン・トゥトゥカ（ガトートカチャの幼少時の名前）」*Jabang Tutuka*、⑤には「ブラジャムスティ（ガトートカチャの叔父の名前）」*Brajamusti*、⑥には「プルギワ・プルギワティ」*Pergiwa Pergiwati*、⑦には「ガトートカチャの戦死」*Gatotkaca Gugur* の演目がそれぞれ対応する。以下にこれらの演目の要約を記す。

（1）「ジャバン・トゥトゥカ *Jabang Tutuka*」（ガトートカチャの幼少時の名前）

ガトートカチャ誕生の際に、臍の緒が切れず、最高神バタラ・グルから超能力の武器コンタを借りて臍の緒を切ることになった。パーンダヴァ五兄弟の三男アルジュナはコンタを受け取りに行くが、途中でカウラヴァ側の武将カルナにコンタを横取りされ、鞘だけを持ち帰る。鞘で臍の緒を切ると、鞘は臍の緒に吸い込まれる（これは、後の日のバラタユダの際に、カルナの持つコンタは鞘の中に再び戻る、つまりカルナのコンタにガトートカチャが斃れる運命の伏線となる）。この演目の中で、幼少時のガトートカチャは、神々によって天界を脅かす怪物のナガ・プルチョナと対決させられる。一度はナガ・プルチョナに斃されるが、天界の神々によって天界の火山チャンダラディムカの火口に金属とともに投げ込まれる。そして天界の女神が体内に入魂し、鋼の筋肉を持つ不屈の武将となって蘇生する。成長したガトートカチャは、ナガ・プルチョナを倒す。

(2)「ブラジャムスティ *Brajamusti*」

ブラジャムスティはガトートカチャの叔父に当たり、母ヒディンビの兄である。ある日、妹のヒディンビがビーマと結婚してプリンゴダニ王国を治めていると知り、王国を要求しにやってくる。ガトートカチャはブラジャムスティに立ち向かうが最初は倒される。ヒディンビはガトートカチャを蘇生させ、別の叔父のもとへガトートカチャを送り込む。そこでガトートカチャは強くなり、何人かの叔父が彼の身体の各部に入魂する。一方、ブラジャムスティは、アルジュナに変身して、カウラヴァ側の長兄ドゥルヨーダナの妻であるドラウパディーを誘惑する。嫌疑をかけられたアルジュナとガトートカチャはブラジャムスティを探し出して戦い、彼を破る。斃れたブラジャムスティはガトートカチャの左手に入魂する。そのためガトートカチャは左手から強力な一撃を出すことができるようになる。

(3)「プルギワ・プルギワティ *Pergiwa Pergiwati*」

アルジュナの双子の娘たちであるプルギワとプルギワティは、父親のアルジュナに会いに行く途中でカウラヴァ軍に会う。アビマニュとガトートカチャは二人をカウラヴァ軍から救出する。カウラヴァ軍はプルギワをカウラヴァ側の怪物の王レスマナと結婚させようとしたが、ひそかにプルギワに思いを寄せていたガトートカチャが彼女を救い出し、求愛する。

（4）「ガトートカチャの戦死 *Gatot Kaca gugur*」

冒頭で述べたように大戦では叔父にあたるカルナと戦い、武器コンタに斃れる。

（1）の演目はガトートカチャの不思議な出生の経緯と彼の強さの由来を物語る演目である。この演目の中では、超能力の剣コンタの鞘がガトートカチャの臍に吸い込まれた出来事が示され、バラタユダの大戦でコンタを持つ武将によって倒される運命が誕生の時点で予言される。（2）の演目はガトートカチャの母方の叔父が彼に滅ぼされた後、その身体に入り込んだため、ガトートカチャが左手から強力な一撃を出すことができるに至った経緯を物語る。ガトートカチャにはブラジャムスティを含む五人の羅刹の叔父たちと天界の三人の女神が身体の各部に入っており、ガトートカチャの身に何かが起こった場合には八人は合体して一人の貴公子バジン・キリンとなって登場する（後述する（5）の演目を参照）。（3）の演目ではカウラヴァ軍とパーンダヴァのアビマニュとガトートカチャとの戦いを軸にしてガトートカチャが美しいプルギワを妻にした出来事が語られる。（4）の演目はバラタユダの大戦でガトートカチャが運命のとおり、超能力の剣コンタを持つ叔父カルナに滅ぼされる内容を持つ。ガトートカチャとの戦いで一度しか効力を発揮しない超能力の武器を使ったカルナは、後にパーンダヴァ軍のアルジュナとの一騎打ちに敗れる。ガトートカチャの戦死はパーンダヴァに勝利をもたらすこととなった。そのためガトートカチャの死は、しばしば民族のために自らの命を捧げた民族主義者たちの姿と重ね合わせて語られることがある（Anderson 1996 : 43, 82）。

こうして（1）、（2）、（3）、（4）の演目はそれぞれガトートカチャという登場人物に関する伝記的情報を提示する。それぞれの演目は上演としては完結しているものの、相互に伝記的情報を共有する。ある伝記的情報は他の演目における伝記的情報を前提として存在することになり、一つひとつの演目が登場人物像を形成する機能を持つ。ガトートカチャの誕生からバラタユダでの運命づけられた戦死に至る人生は、複雑で錯綜した内容を持つ。ワヤンの上演では一つの演目の中で登場人物の重要な伝記的情報を提示しつつ、しばしば他の伝記的情報にも言及する。同時に演目の中で他の登場人物の伝記的情報も示され、登場人物相互の間の系譜関係や人間関係が示される。したがって複数の演目を知ることは、さまざまな登場人物に関する伝記的情報と登場人物間の錯綜した人間関係についての情報を蓄積することになる。

このような演目の中で提示される伝記的情報に基づいて創作の演目が創られる。以下に西ジャワでよく知られる「アンタクスマの胴着」という演目を挙げる。

（5）「アンタクスマの胴着 Baju Antakusumah」（Wickert and Purbaya n.d.）

神々の世界 *Suralaya* の火山、チャンドラディムカが噴火し天界の花が枯れてしまう。これは、世界のどこかで秩序が乱れている兆しであり、最高神であるバタラ・グルは、火山の噴火はガトートカチャの上着を火口に投入すればおさまると予言する。神々はガトートカチャに上着を提供するよう要請する（この部分で、ナラダ神によって、ガトートカチャの誕生時にこの上着が与えられた経緯、Jabang Tutukaの一部分が語られる。ガトートカチャがこれを拒むと、神々との戦いとなるが、ガトートカチャのあまりの強さに神々は退散する。神々はカウラヴァ兄弟の長兄ドゥルヨーダナ（人形劇の中ではスユダナと呼ばれる）と参謀ドローナーを訪れ、ガトートカチャの上着を奪うように要請し、その見返りに後の日のバラタユダの対戦でカウラヴァ軍を勝たせることを約束する。ドローナーはこの願いを聞き入れる。カウラヴァ軍はプリンゴダニへ赴き、カルナがガトートカチャと戦うが、カルナはこの戦いの理不尽さを承知して負けるふりをする。そこで、幼いころのパーンダヴァとカウラヴァの共通の武芸の師匠であるドローナーは、最愛の弟子であるアルジュナに、ガトートカチャの無礼に嘆くふりをして、上着を奪うように頼む。ドローナーの話を信じたアルジュナは、ガトートカチャの上着を奪う。瀕死のガトートカチャを見てヒディンビが嘆いていると、そこへ従者たちがやってくる。ヒディンビが、スマルに助けを乞うとスマルは本来の姿である神イスマヤに変身する。ガトートカチャの体からは蒸気が上がり、その中からガトートカチャを守護する八人の影が現われる。この八人は天界の女神三人と五人のラクササ姿の叔父たちである。八人の影は合体し、貴公子バジン・キリンとなる。イスマヤは天界へ行って上着を取り戻す。バジン・キリンは、ハースティナプラ国へ行ってアルジュナとドローナーを追跡する。上着を取り返したイスマヤはプリンゴダニへ急ぎガトートカチャに上着を着せると、彼は息を吹き返す。アルジュナとドローナーはガトートカチャに許しを乞い助けを求める。二人を追ってきたバジン・キリンをガトートカチャがねぎらうとバジン・キリンは八人の影となり、しだいにガトートカチャの体の中に戻っていく。

(5) の演目は「創作の演目」とされるが、西ジャワでは多くの人々に知られている。この演目の内容はガトートカチャの伝記的情報に基づいて展開する。ガトートカチャが誕生時に最高神から特別な上着を与えられたこと、ブラジャムスティをはじめとする八人の人物(神、ラクササを含む)がガトートカチャを守護していることが前提とされる。したがって(1)、(2)、(4)の演目を知っていれば(5)の演目をより深く知ることができる。また(5)の演目はその筋の展開に(1)と(2)を内包する構造にもなっている。

演目中に挿入されるガトートカチャとカウラヴァ軍のカルナの戦いはバラタユダにおける真の大戦とは異なり、カルナが負けたふりをすることで終わる。バラタユダの大戦のときまで、両者は真剣に戦うことがあってはならないためでもある。演目の中では他の登場人物の情報も物語の展開に係わる。

純粋で高潔なガトートカチャが神々の勝手な取り決めに屈せず神々をも退散させるほどの強さを持つことに加えて、カウラヴァ側の武将カルナの高潔さ、パーンダヴァ側の武将アルジュナの師匠ドローナーに対する恩義と忠誠、道化役者スマルの真の偉大なる姿など多くの要素を内包する。

以下にもう一つの創作の演目の実例として、「千人のガトートカチャ *Gatot Kaca Sewu*」について記述する。

（6）「千人のガトートカチャ」（Foley 1979：296-297）

生まれたばかりのガトートカチャに倒されたナガ・プルチョナの息子ロドナクンチャナがガトートカチャに復讐を企て、さらにパーンダヴァの長兄ユディシュティラを捕えようとする。水晶玉の予言によって危険を知ったパーンダヴァ側の戦略家クリシュナーは、策を講じて九百九十九人の偽のガトートカチャを作り出し本物のガトートカチャの頭飾りの中にユディシュティラを隠す。しかしロドナクンチャナは特別の呪文を使って本物のガトートカチャを見つけ出し、ユディシュティラを誘拐する。そこでガトートカチャとアルジュナはロドナクンチャナを追跡して戦い、彼を倒してユディシュティラを取り戻す（Foley 1979：296-297）。

この演目も先に挙げた例と同様に、ガトートカチャの伝記的情報に基づいて展開する。（1）の演目の中で示されたように、幼少時に天界の火山に投入され一瞬のうちに武将に成長したガトートカチャは天界を脅かしていた魔王のナガ・プルチョナを倒す。（6）の演目は、この伝記的情報に基づき、ナガ・プルチョナの息子がガトートカチャに父親の死の報復を企てるところから始まる。この演目の中でも、（1）の演目は（6）の演目の由来を説明するものとして存在し、過去の出来事が現在の行為の原因として示される。また登場人物のそれぞれの特徴が提示される。優れた戦略家であるクリシュナーの作戦、正法を重んじ決して武器を持たないパーンダヴァの長兄ユディシュティラの高潔さ、アルジュナとガトートカチャの活躍と強さ、などが示される。

このように登場人物に関する伝記的情報を知ることは、創作の演目も基本的演目も含むすべての演目を理解するための、あるいは上演するための前提である。伝記的情報は演目によって示されるため、多くの演目を観ることによってこれらの情報を知る、あるいは再確認するという側面もある。

3・6　ジャワ島のワヤンにおけるマハーバーラタの特徴

以上に述べたように、ジャワ島における影絵と人形劇の演目は登場人物の伝記的情報を示しつつ多くの登場人物間の錯綜した人間関係を描く。多くの演目を知っていれば、別の演目をより深く知ることが可能となる。上演における「登場人物像を形成する」というメカニズムは、時系列上の順序にしたがって語られるあるいは読まれるテクストとは異なる認識のあり方を提供する重要な要素であると考えられる。

そしてこのような登場人物の伝記的情報を重視する傾向は特にマハーバーラタに顕著に見られる。第2章に述べたように、ジャワのラーマーヤナではラーヴァナの系譜をはじめとする複数の登場人物の伝記的情報を形成する傾向が見られる。しかしラーマーヤナにはそれらの伝記的情報をもとにした創作はほとんど見られない。数の上ではこうした創作は圧倒的にマハーバーラタに多く見られる。このことは先にも述べたように、ラーマーヤナに比べてマハーバーラタにはより多くの特徴的な登場人物が存在することに起因すると考えられる。また多くの創作が見られる理由としては、インドのマハーバーラタ自体に多くの説話などが挿入されていることにも原因があると推測される。

さらに第2章で記述したスンドラタリに見られるように、現在のインドネシアではラーマーヤナが観光芸能の中で重要な位置を占めている。観光芸能の中では簡潔でわかりやすい筋立ての「古典」的ラーマーヤナが上演されていることを先に述べた。現在のジャワ島におけるラーマーヤナの上演のレパートリーにはこうした簡潔な筋立てが存在しており多くの人々に知られているのに対して、マハーバーラタの場合には観光というコンテクストとの接点があまり多く見られない。したがってマハーバーラタの全体的な大筋を上演する機会はラーマーヤナに比べて圧倒的に少ない。マハーバーラタはワヤンの上演の中で無数の演目として限りなく増殖を遂げ、物語は錯綜していく傾向が見られる。

影絵と人形劇の上演におけるマハーバーラタの個々の演目は、登場人物の生い立ちと運命、主要な出来事などに関する伝記的情報を提示して登場人物間の因果関係を描いていく。これらの演目を集積していくことで多くの登場人物像を形成することが可能となる。このようにして形成される叙事詩の全体像は、ときとして非常に不均衡な様相を呈することになる。特にマハーバーラタの場合には創作の演目の舞台が多くの場合バラタユダの大戦前の部分に集中しているため、大戦前のレパートリーは際限なく膨れ上がっていく。

これらのマハーバーラタにおける創作の演目の中にはジャワ神秘主義と関連を持つものがある。特にパーンダヴァ側の武将であるビーマはジャワ島では特別な位置づけを持っている。ジャワ神秘主義とかかわるエピソードの中で、ビーマの生い立ちにまつわるものは多く見られる。ビーマ誕生のエピソード「包まれたビーマ *Bima Bungkus*」や、ビーマが己の人生の意味を探求するエピソード「デワ・ルチ *Dewa Ruci*」など、ジャワ神秘主義の思想が体現される物語群が存在する。[9] このようにビーマはジャワ島においては神秘主義の奥義を体現する登場人物として位置づけられてきた。これはインドのマハーバーラタには見られない要素である。ラーマーヤナの場合にも、ジャワ神秘主義を体現するような特定の登場人物は見られない。第2章で述べたように中部ジャワの影絵におけるラーヴァナ誕生のエピソードにはジャワ神秘主義との深い関連が見られるが、必ずしもラーヴァナにまつわる演目が常にジャワ神秘主義と関連を持つわけではない。またテクストの歴史的な変遷を通して見たように、このエピソードはむしろジャワ神秘主義を否定するために書かれたとされていた。マハーバーラタのビーマに代表されるように特定の登場人物がジャワ神秘主義を体現する登場人物として描かれているのは、ラーマーヤナには見られない特徴的な要素であると言えるだろう。

このようにジャワ島の影絵と人形劇におけるマハーバーラタは特徴的な登場人物群をクローズアップすることを通して、多くの演目を生み出してきた。登場人物に関する情報の提示は、一つひとつのエピソードを積み重ねていくという上演のやり方とも深く関っているだろう。時系列に沿って一筋の物語を上演するのではなくて、個々のエピソードを積み重ねていくことによって登場人物像を豊かに形成していくことが、ワヤンの上演の特徴である。このような上演の中でマハーバーラタのさまざまな登場人物についての情報が蓄積され膨大なレパートリーが形成されてきた。

3・7　創作活動の源泉としてのマハーバーラタ

9　これらの2つのエピソードの内容は以下のとおりである。

ビーマ・ブンクス：ビーマは固い粘膜に包まれたままに産み落とされ、誰もそれを開けることができなかった。天界からセナという一頭の象が送られ、その牙によって粘膜があけられた。そのためビーマはブラタセナ（セナの作ったもの、の意）と呼ばれる。ブラタセナと「兄弟」とされる粘膜は、風神バーユによって苦行中のドゥルヨーダナのもとへ運ばれ、嬰児に変わる。そしてハースティナプラ国パーンドゥのもとで2人は同じように育てられる（サストロアミジョヨ 1982: 133-135）。この物語は、人間の魂における自我と非我の観念を象徴するとされる（サストロアミジョヨ 1982: 134）。こうした思想は、嬰児とその胞衣とが兄弟とされ、胞衣が家の近くに埋められるという習慣にもかかわっている。

デワ・ルチ：バラタユダの大戦を前に、カウラヴァ側はパーンダヴァ最強の武将ビーマを亡き者とする奸計を計画した。かつての武芸の師匠ドローナーにより「生命の水」を探すたびに出るよう命ぜられたビーマは、海中で蛇と戦ラーマーヤナが「伝統的」なワヤンだけでなく観光芸能の中で演じられることが多いのに対してマハーバーラタはさまざまな創作活動の源泉として頻繁に用いられてきた。特に大戦争のモティーフは人間が生きることの意味を問いかける重要なテーマとして多くの創作の中で採用されてきた。ここではいくつかの創作を事例として創作作品の源泉とされるマハーバーラタの特徴について考察する。

最初の例は西ジャワ出身の作家ユディスティラ ANM・マサルディ（一九五四～）によるマハーバーラタを題材とした大衆小説（ノベル・ポップ *novel pop*）である。この小説はパーンダヴァの武将アルジュナを主人公としており『アルジュナは愛をもとめる』、『アルジュナ、ドロップアウト』、『アルジュナの結婚』と続く三部作になっている。著者のユディスティラは、一九七〇年代以降活躍している作家で、彼の得意とするノベル・ポップは若者向けの流行小説、娯楽小説を総称する。ペンネームのユディスティラはこどもの頃から親しんだワヤンの登場人物名（正義の武将として知られるパーンダヴァの長兄ユディシュティラ）からとった。アルジュナ三部作は、ワヤンの登場人物たちの名前を用いて、都市の中産階級層の若者たちの生活を描いた作品である。この作品はワヤンのパロディーであり、登場人物たちは皆マハーバーラタの登場人物名を与えられているが、その行動パターンは伝統的なワヤンの登場人物の行動パターンとは逆転されている。主人公のアルジュナ青年は、女好きのプレイボーイであり、その他の点ではワヤンに登場するパーンダヴァの洗練された武将アルジュナには似ていない。作者のユディスティラは登場人物像を含め、人間関係なども逆転させながら都市の新興ブルジョアの若者たちの腐敗や非礼な行動パターンに対して批判をなげかけていく（押川 1992：186-197）。このような描き方は、見方によっては神聖で伝統的な芸術であるワヤンを冒瀆するという側面もある。実際に、一九七九年に『アルジュナは愛を求める』が映画化される際には、情報相よりクレームがついたという（押川 1992：189）。ワヤンの上演を知っているインドネシアの読者であれば、登場人物たち

い意識不明の状態の中で自己の内面の神デワ・ルチと出会い、デワ・ルチから生の本質に関する教訓を受ける（サストロアミジョヨ 1982: 105-107）。

の人間像や人間関係についての基本的な情報をある程度知りつつ、それをことごとく逆転させたパロディーとしてこの小説を味わうことができる。著者のユディスティラは開発政策の落とし子である新興ブルジョア階級の若者たちの無軌道な振る舞いを批判するとともに、古典芸術としてのワヤンの権威に対しても、批判的なまなざしを向ける。このノベル・ポップが人気を博し、社会的な論争まで呼び起こした背景には、ワヤンの物語世界が現代インドネシアにおいて権威ある一つの価値観として存在しており社会に浸透している、という事実がある。

次の事例はマハーバーラタを主題にした創作舞踊の例である。この作品は、一九九九年日本公演のための新作として、ジョグジャカルタ出身の創作舞踊家マルティヌス・ミロト（一九五九年生まれ）によって創られた「クンティの歌 *The Chant of Kunthi*」である。この作品はマハーバーラタにおけるバラタユダの戦いのクライマックスとも言える、「カルナの一騎打ち *Karna Tinanding*」を題材として、アルジュナとカルナの戦いとその二人の母であるクンティの葛藤を描いたものである。一九九九年に行われた、国際交流基金主催の舞踊公演のプログラムから、ミロトが書いたこの作品のコンセプトの一部を以下に抜粋する（マルティヌス・ミロト 1999　国際交流基金アジアセンター主催「旅する舞人～伝統から現代へ」パンフレットより）。

私は「マハーバーラタ」の伝統的な解釈から少し離れ、現在（一九九九年当時）わが国で起きている社会状況を背景に私自身のバージョンを創り上げた。アチェ、アンボン、東ティモールで起きている抗争というのは、表面上それぞれの地域の派閥間での争いが原因だが、この問題は悪化の一途をたどり、インドネシア政府はとうとう東ティモールに国連平和維持軍を派遣することを容認せざるを得ない状況に陥った。インドネシアの人々は、民族間の軋轢が国の統一を揺るがすのではないかという危機感を常に持っている。ある晩スタジオに一人で座っていると、クンティが祖国インドネシアの象徴として私の心に浮かんだ。「マハーバーラタ」の物語と同様、私のクンティもこの作品の中でこどもたちを和解させようとするが、その努力は完全に失敗に終わる。戦争が始まり、血のつながった者同士が戦い、その上争いの理由も分からないまま皆死んでいく。一人残されたクンティは、秋の野に散る枯れ葉のごとく戦場に倒れたこどもたちを探し求める。

統一性がある「マハーバーラタ」のエピソードとは異なり、この作品のプロットはめまぐるしく変わる。そうすることで、始まりもなく終わりもない混沌たる状況を強調しようとしたのである。早くなったり遅くなったりするリズムに注目していただきたい。「マハーバーラタ」の物語を知っていれば登場人物はすぐ分かると思うが、それを超えたレベルで、人間と人間を取り巻く悲惨な状況というテーマを普遍的にとらえて欲しい。

作品の最期の物悲しい雰囲気を作るために、クンティと音楽家による三曲の歌を挿入した。白い布は前半では「統一と平和」を、そして後半では「不統一」を象徴し、クンティは平和が保たれることを祈ってこの布を握り締める。

この作品は、ジャワの伝統というものをベースにしている。演奏には、ジャワの伝統楽器であるグンデル、ルバーブ、スリン、クマナック、クプラック、ゴング、シテル[10]を使いジャワの伝統的な歌と詩を取り入れた。

全体的に物悲しい寒々とした印象が強いが、悲観的な作品に仕上げようとしたわけではない。これは、絶望的な状況にありながらも、希望を失わずに生きていけるかどうかということの問いかけなのであり、共に考える機会を持っていただければ幸いである。

10　グンデルは共鳴筒のついた鉄琴、ルバップはコキュウ、スリンは竹製の縦笛、クマナックは金属板をオムレツ型に折ったもの2つを互いに打ち合わせて音を出す楽器、クプラックは木箱を木槌で叩く楽器、シテルはコト（ツィター）である。

ミロトは、アルジュナ、カルナ、クンティ、そして諍《いさか》いの原因をイメージする四人の踊り手と、四人の音楽家というメンバーで、約二〇分の作品を創り上げた。この作品は、パーンダヴァの母クンティの立場を母なる祖国インドネシアと重ね合わせて、一九九九年当時の社会状況に問いを投げかけた独特の作品である。

この作品をはじめとして、インドの叙事詩、特にマハーバーラタを題材とする演劇や舞踊作品は多く見られる。マハーバーラタを源泉とする優れた作品の存在は、この叙事詩が戦いを通して人間の生きる意味について多くのことを問いかけており、今日のインドネシアの人々にこうした問いかけが共有されていることの証左であるだろう。マハーバーラタは現在までさまざまな創作活動の重要な源泉となっている。

コラム4
デワ・ルチ

デワ・ルチはマハーバーラタの登場人物ビーマに関する有名なエピソードである。このエピソードは中部ジャワ・スラカルタ王宮の宮廷詩人ヨソディプロ一世による創作とされている。パーンダヴァの二男で剛勇の武将であるビーマはあるとき、武芸の師匠ドローナーの命により命の水を探す旅に出る。しかしこれはビーマを大戦の前に亡きものとしようというカウラヴァ軍の策略であった。ビーマは命の水を得るために海中で大蛇と戦い、瀕死の状態となる。ここに、ビーマの内面の神であるデワ・ルチが登場し、彼に人間が生きることの意味を授ける。ビーマは己自身を知る人間となり、武芸の師匠に感謝を捧げる、という内容である。

ここに登場する、ビーマの内面の神デワ・ルチは、ワヤンの上演では、ビーマと同じ小型の人形で表現される。ワヤンの舞台は、高さを違えた二本のバナナの幹で構成され、ワヤンの人形は、その幹に刺して置く。人形遣いから見て手前側の幹は、少し低くなっており、そこに人形が刺して置かれた場合には、坐した姿を示す。

ビーマはジャワのワヤンにおいては、剛勇の武将ではあるがやや粗暴な性格として描かれており、誰に対しても坐した姿で接することはなく、またクロモと呼ばれるジャワ語の尊敬語を使うこともない、とされる。しかし例外的に自身の内面の神であるデワ・ルチに対してのみ、坐した姿で接し（すなわち人形遣いの手前側の幹に刺して置かれる）、尊敬語を用いる。

【参考資料】

インドのマハーバーラタ

マハーバーラタの作者は聖者ヴィヤーサであるとされる（上村 2002：12）。サンスクリット語で書かれたマハーバーラタは全十八巻より成り、三十二音節の対句（シュローカ *sloka*）にして十万を数える、長大な叙事詩である。これはマハーバーラタと並んで古代インドの叙事詩の双璧を成すラーマーヤナ（二四〇〇〇シュローカから成る）の約四倍に相当する。

物語はクル・クシェートラ（現在のデリー近郊）で起こったとされるバラタ *Bharata* 族の領土にまつわる争いの物語をもとにして、四世紀頃ごろまでに次第に現在の形を整えていったと推定されている（上村 2002：12）。バラタ族はガンガー上流のデリー周辺の国土を統治したバラタ王の後裔《こうえい》で、叙事詩の中で対立するのはパーンダヴァ五兄弟とカウラヴァ百兄弟という二つの親族である。両者はバラタの後裔ヴィヤーサを祖父とし、パーンドゥとドリタラーシュトラをそれぞれ父とする、従兄弟同志の関係にある。この二つの兄弟の大戦争を中心に、さまざまな登場人物群の交錯した人間関係が描かれる。

以下、上村勝彦による「マハーバーラタの梗概」（上村 2002：13-31）に基づき、全十八巻の内容を要約する。

第一巻

バラタ王の後裔シャンタヌ王は、森で美しい娘と出会い求婚する。娘は自分が何をしても咎めないようにという条件をつけて結婚を承知する。彼女は七人の息子を生んだが次々とガンガー川に投げ込んだ。八番目の息子が生まれたとき、王はついに彼女を制止した。彼女は自らをガンガーの女神であると明かし、王のもとを去った。この八番目の息子デーヴァヴラタが後のビーシュマである。

　後にシャンタヌ王は、漁師の美しい娘サティヤヴァティーに出会い求婚する。サティヤヴァティーの父親は、娘の生んだ息子を王位継承者にすることを条件とした。シャンタヌ王が悩んでいるのを知り、息子のデーヴァヴラタは一生独身を通して子孫を作らない誓いを立てた。それ以来、彼はビーシュマと呼ばれるようになった。

　シャンタヌ王とサティヤヴァティーの間には二人の息子が生まれるが、子孫を残すことなく二人とも夭折する。サティヤヴァティーは王家の存続のために二人の寡婦を妻とするようビーシュマに要請するが、ビーシュマは受け入れなかった。サティヤヴァティーはシャンタヌ王との結婚前に聖者パラーシャラとの間にできた息子、聖仙ヴィヤーサ（マハーバーラタの作者とされる）を呼び出して寡婦となった王妃たちとの間に子孫を作らせた。これがドリタラーシュトラ、パーンドゥ、ヴィドゥラの三人である。このうちヴィドゥラはヴィヤーサと王妃の世話係の女性との間の息子であったため、王子になれなかった。長男のドリタラーシュトラは目が見えなかったため、パーンドゥが王位を継承した。パーンドゥは狩猟の最中に、聖仙を誤って殺してしまったために呪いを受け女性に触れることができなかった。パーンドゥの第一夫人クンティーは呪文で神々を呼び出し、神々との間に息子を得る。ユディシュティラ、ビーマ、アルジュナを授かった後、第二夫人マードリーに呪文を教える。マードリーは双神との間に、ナクラ、サハデーヴァの双子を得る。この五人がパーンダヴァである。一方ドリタラーシュトラは、妻ガーンダーリーとの間に百人の王子を授かる。この百王子がカウラヴァである。

　やがてパーンドゥは第二夫人マードリーと契り命を落とす。五王子はドリタラーシュトラの百人の息子たち（カウラヴァ百王子）と共に成長するが、あらゆる点で彼らを凌駕する。百王子の長兄ドゥルヨーダナは五王子を妬み敵意を抱く。両者はハースティナプラの王位をめぐって対立する。ビーシュマの建言により、百王子がハースティナプラ、五王子が辺境のインドラプラスタを治めることになる。

第二巻

インドラプラスタは繁栄を極め、美女ドラウパディーは五王子共通の妻となった。これを嫉妬したドゥルヨーダナはいかさまのサイコロ賭博をユディシュティラに申し込み、五王子から王国を取り上げ、五王子に十三年間の放浪生活を命じた。

第三巻

アルジュナはヒマーラヤに行き、インドラ神から種々の強力な武器を得る。ユディシュティラたちは多くの聖地を巡礼し、ヒマーラヤ山中でアルジュナと合流する。

第四巻

五王子は十二年間の亡命生活を終え、十三年目を、居場所を知られずに過ごさなくてはならなかった。彼らは素性を隠してマツヤ国のヴィラータ王の宮殿に住み、さまざまな活躍をする。五王子の正体を知ったヴィラータ王は王女と財産を五王子に捧げる。

第五巻

五王子は十三年間の放浪を終えクリシュナーの助言のもとに王国の返還を申し出るが、ドゥルヨーダナはこれを拒否する。やがてクルクシェートラにおいて、両者の大戦が始められる。

第六巻

戦闘が始まろうというとき、アルジュナは同族の戦いの意義に疑惑を抱き戦意を喪失する。クリシュナーはアルジュナのために教えを説いて、その気持ちを鼓舞する。これが『バガヴァット・ギーター』である。アルジュナの迷いは消失する。戦闘一〇日目、アルジュナはシカンディンを先に立てて、百王子側の総司令官ビーシュマに矢を浴びせかける。ビーシュマは倒れ、両軍の戦士たちに種々の説教を述べ戦争中止を勧めるが、ドゥルヨーダナは承知しなかった。

第七巻

戦闘十二日目、カウラヴァ百王子側の総司令官ドローナーはアルジュナを攻撃して戦列から引き離す。アルジュナの息子アビマニュは父親の代わりに敵陣を破って勇敢に戦ったが、敵陣の矢を受けて戦死する。十三日目、アルジュナは息子の復讐をしようとジャヤドラタを攻撃する。十四日目、ビーマの息子ガトートカチャがカルナの必殺の槍に倒される。十五日目、百王子側の総司令官ドローナーが、クリシュナーの一計により息子の死を知らされて失意のうちに戦死する。

第八巻

十六日目、百王子側の総司令官カルナとアルジュナが対決する。また、ビーマはドゥフシャーサナを倒し、かつてドラウパディーが辱められたときの誓いを果たす。アルジュナはガーンディーヴァ弓でカルナを倒す。

第九巻

十八日目、百王子側のシャーリアはユディシュティラに倒される。ドゥルヨーダナはビーマと対決する。棍棒戦でビーマはドゥルヨーダナの左腿を攻撃し、ドゥルヨーダナは倒れる。

第十巻

ドローナーの息子アシュヴァッターマンは、五王子の陣営に夜襲をかけ、パーンダヴァ軍の多くを倒す。また、アシュヴァッターマンは全世界を滅亡させる兵器をパーンダヴァの女たちの胎内に向けて放ち、パーンダヴァ側の子孫は全滅するが、アルジュナの息子アビマニュの妻ウッタラーの息子だけが後に蘇生する。これがパリクシットである。

第十一巻

息子たちを失った百王子の父母ドリタラーシュトラとガーンダーリーは嘆き怒るが、気持ちを鎮める。ドラウパディーも悲嘆にくれる。ガーンダーリーは同族の戦いを放置したクリシュナーを呪い、彼は森で不名誉な最後を遂げると告げた。

第十二巻、十三巻

パーンダヴァ五王子は死者たちの葬儀を行った。自責の念にかられるユディシュティラにヴィヤーサは王族の義務を説く。パーンダヴァは都に入り、ユディシュティラの即位式が行われる。その間、死の床にあって死なずにいたビーシュマはユディシュティラに多くの教えを説き、自ら息を引き取った。

第十四巻

アシュヴァッターマンが放った兵器で殺されたウッタラーの胎児（パリクシット）が、クリシュナーの力により蘇生する。その後パーンダヴァは、罪を浄化するために馬祀（アシュヴァメーダ）を行った。

第十五巻

戦争の十五年後、ドリタラーシュトラはガーンダーリーとクンティーを伴って森に隠棲した。ヴィヤーサ仙はガーンダーリーの要請により、死んだ戦士たちを天界から呼び出し、団欒の一夜を過ごす。その二年後ドリタラーシュトラはガーンダーリーとクンティーとともに、森火事によりこの世を去る。

第十六巻

戦争の三十六年後、ユディシュティラは多くの不吉な前兆を見る。ガーンダーリーの呪いが実現し、クリシュナーは子孫を失い森でジャラーという猟師に鹿と間違えられ足の裏を射られて死ぬ。

第十七巻

ユディシュティラは、パリクシットを即位させてから四人の弟、ドラウパディー、一匹の犬を伴い、都を出て、メール山に達し、天界に達しようとした。妻と弟たちは次々と挫折し、ユディシュティラと犬だけが残る。インドラ神が迎えに来るが、ユディシュティラは妻と弟と一緒でなければ行かないと言う。しかしインドラは、彼らがすでに天界にいると述べ、犬を捨てるように命じる。ユディシュティラが捨てられないと答えると、犬はダルマ神に姿を変える。ユディシュティラは神々と共に天界へ行く。

第十八巻

天界に戻ったユディシュティラは妻と弟たちに会えず、難路を進んだが、すべてはインドラ神の作り出した幻影（マーヤー）であり、そこは地獄から天界に変じた。ユディシュティラは天界のガンガーで沐浴し、人間の体を捨てて一族の人々と再会する。

第4章

ワヤンの様式性
演目の構成と登場人物の性格分類

第2章と第3章においてジャワ島のワヤンにおける古代インドの叙事詩の内容とその特徴について述べた。この章ではこれらの物語が実際の上演において展開する方法について考察する。ワヤンの上演にはさまざまな演出上の工夫が見られる。その中でも物語の展開方法にかかわる特徴的な要素としては、演目が様式的な構成を持っている点、登場人物が類型化された「性格」を持っている点が挙げられる。こうした定型的な表現のあり方は書かれた書物を読むこととは異なるやり方で物語を提示する。これらの表現は書物を読むというリテラシーを持つ人々にも持たない人々にも物語を効果的に提示する上で重要な役割を果たしている。

以下にワヤンの演目の構成について記述した後、いくつかの演目をその構成に沿って提示する。またワヤンの上演における特徴的要素である登場人物の「性格」分類について考察する。

4・1　演目

4・1・1　演目の種類

ワヤンはさまざまな祝い事に伴って一晩を徹して上演される。一回の上演で演じるのは、叙事詩・物語の一部分あるいはそれらと何らかの関連を持つ、一つの演目である。これらの演目をラコン *lakon* と呼ぶ。この章では主にワヤンの主要なレパートリーを成す古代インドの叙事詩に関する演目を多く扱うことになる。これらの叙事詩に基づく演目は、叙事詩の一部のランダムな提示であり、叙事詩における時系列上の順番にしたがって配列されることはない。中には叙事詩の人物設定のみを土台とした創作もある。したがって通常は、ワヤンの観客に叙事詩の筋立ての全体像が提示されることはない。

演目には「主要な演目」*lakon pokok* と「枝葉の演目」*lakon carangan* の二種類があるとされる。前者の *pokok* は基本を意味し、オリジナルの大筋の一部分を成す演目を指す。後者の *carangan* は「枝のようなもの」を意味し、その名が示すとおりオリジナルの大筋から派生した演目群を指す。

ジャヤスブラタによればさらに後者は二つに分けられ、オリジナルの筋が明白に認識される場合には *lakon carang kadapur* と言われ（dapur は結合、の意）、オリジナルの筋とはほとんど共通性を持たず、数人の主要登場人物の名前だけを借用している場合には *lakon sempalan*（sempalan はちぎれたもの、の意）と呼ばれる（Djayasoebrata 1999 : 84）。

中部ジャワのワヤンについて研究を行ったシアーズは、同様の分類を「主要な演目」*trunk stories* / *lakon pakem* と「枝葉の演目」*branch stories* / *lakon carangan* という用語を用いて行っている。シアーズは、中部ジャワの人形使いとのインタビュー結果をもとに、彼らが「主要な演目」をよりローカルな意味でとらえていることを示した。「主要な演目」の手本とされるものは、多くの場合、物語の大筋を記したテクストであり上演のためにアレンジすることが不可欠である。そのためすべての演目を「枝葉の演目」ととらえる人形遣いも存在すると、シアーズは指摘する（Sears 1991 : 70-72）。また、ジャワ人にとってはジャワ的な価値観に近いものこそが、たとえインドの叙事詩における大筋にしたがっていなくとも「主要な演目」とみなされる（Sears 1991 : 73）。例を挙げると、第３章で述べた、ジャワ的な神秘主義の影響を強く受けた演目である「デワ・ルチ」は、サンスクリット語のマハーバーラタには見られないが、ジャワの人々にとっては代表的な「主要な演目」の一つとみなされる。

西ジャワの人形劇についての研究を行ったフォレイはワヤンの演目を「主要な演目」*lakon galur* と

「枝葉の演目」*lakon carangan* に分類し、*pakem*という概念を、演目そのものではなく、登場人物の生い立ちや登場人物に関するさまざまな事件や出来事の集積として位置づけている。彼女は六十一の演目の分析を通して、十種類の「神話的パターン」を抽出した。[1] 登場人物の生い立ちや出来事を示す概念である*pakem*に依拠しつつ、人形遣いは神話的パターンのいずれかに基づく「枝葉の演目」を創る。それが広く普及し時間の経過とともに多くの人々に知られるようになると、それらの創作は「主要な演目」として定着していく（Foley 1979 : 94）。

これに対して西ジャワの文学者アイップ・ロシディは、人形劇の演目を「主要な演目」*lakon pakem* / *galur* と「枝葉の演目」*lakon carangan* に二分し、*pakem*と*galur*を同じものとしてとらえている。彼は「主要な演目」を本筋に由来する演目として位置づけ、それに対して「枝葉の演目」を人形遣いによる創作の演目とする。

すでに述べたようにジャワ島のワヤンにおいては、マハーバーラタの創作が非常に多いため、「枝葉の演目」はマハーバーラタに多く存在する。マハーバーラタの登場人物設定を借りて、人形遣いの創意のもとに作られる演目は限りなく存在することになる。

アイップ・ロシディの分類の中で興味深い点は、叙事詩マハーバーラタの場合には、「枝葉の演目」をマハーバーラタの大筋における中間部、すなわちパーンダヴァ五兄弟がインドラプラスタの国を建てカウラヴァ百兄弟がハースティナプラの国を治めている時代を背景とするものに限ると定義した点である（Rosidi 2000 : 147）。この定義にしたがえば、「枝葉の演目」は運命的大戦であるバラタユダを迎える前の状態に終始することが必要とされる。アイップ・ロシディの指摘するとおり、「主要な演目」と「枝葉の演目」の位置関係は、マハーバーラタの中間部に創作された演目群の膨大なレパートリーを形成することを可能とする。第3章で述べたように、マハーバーラタの中間部に創作された多くの

1 キャセイ・フォレイは、西ジャワの人形劇における六十一の演目を分析することによって、演目の筋立てに関する十種類のパターンを抽出した（Foley 1979 : 94）。
①災いをなくすために人間の犠牲が求められる。多くの場合、選ばれるのは道化役者、あるいは英雄たとえばガトートカチャである。②王女が夢の中で見た男性に恋に落ちる。その男性は多くの場合、パーンダヴァ兄弟（アルジュナやビーマ）、道化役者の一人である。③すでに殺された武将（通常は羅刹）が命を取り戻し別の姿になって、死の報復をする。④婿取り競技が開催される。成功する求婚者となるのは通常、パーンダヴァ兄弟かガトートカチャである（もし、道化役者の誰かが勝者となった場合には、通常は花嫁と結婚することはできない結末となる）。⑤英雄の誰かが悪事をたくらむ悪者によって変身させられる（悪事はたとえば、王女あるいは英雄の妻を誘惑する）。⑥超自然的な力を持つ家宝、武器が紛失する。⑦若者が自分の父親を探す旅に出かける（多くの場合、アルジュナ、あるいは他のパーンダヴァ一族の誰かが、近隣の国々の多く

演目群が存在することに比べて、ラーマーヤナには創作の演目はほとんど見られない。これは、マハーバーラタのように登場人物が多くないという理由に加えて、ラーマーヤナの大筋が比較的明確で広く知られているため創作の余地があまりない、という理由もあると考えられる。

4・1・2　演目の様式的構成

これらの演目は種類によって上演の頻度が異なるため[2]、演目の時系列上の順序とはかかわりなく上演を観ることになるのが普通である。演目は一つひとつが独立した上演として成立する。ワヤンの演目は通常、一定の構成のもとに展開され、完結した様式性を持つ（Djayasoebrata 1994 : 84-86, Buurman 1988 : 39-44, Foley 1979 : 110-115）。以下にビュールマン、フォレイの記述に基づき、西ジャワの人形劇における演目の構成を記す（Buurman 1988 : 39-44, Foley 1979 : 110-115）。

西ジャワの人形劇では演目は以下のような場面構成に基づいて展開する。

場面1　幕開き

グヌンガン（あるいはカヨンと呼ばれる）が舞台中央から引き抜かれる。グヌンガンは、「山のようなもの」を意味し、さまざまな使われ方をするが、この場合は場面転換を示す幕としての機能を持つ。それに引き続き女性の従者 *Emban* または男性の従者 *Maktal* の舞踊が演じられる。この部分は、人形遣いの人形操作の技の見せどころとなっている。

場面2

舞台となる王国と王の紹介　王が紹介されたのち王の側近や大臣たちが登場し、王に敬意を表した後

の美女と何らかの冒険の際に結婚し、こどもをもうけている）。⑧海の向こうの国の王 raja seberang あるいはラクササの王が、ヒーローの誰かの妻に横恋慕して誘拐を企てる。⑨超自然的力を持つ家宝、武器が天界の神から人間世界へ送られて、それをめぐって戦いが繰り広げられる。⑩天界が侵略者に包囲され、神々が人間界の英雄（アルジュナかガトートカチャ）に助けを求める。

2　通常は人気のある登場人物にまつわる演目の上演頻度が高くなる傾向がある。誕生、割礼、結婚などの人生の諸段階にかかわる儀礼の場合には、儀礼の種類によって相応しい演目を選ぶこともあるため、演目によって上演の頻度は異なる。

で何らかの問題（結婚、差し迫った戦い、誰かの失踪など）についての話し合いがなされる。解決策が決められ話し合いが解散する。大臣や側近たちはそれぞれの方法で、王に敬意を表して場を辞する。王は妻に会い何らかの指示を与えるために女性たちの住む場所へ向かう。

場面3

対する側の王国。海の向こうの国の王である場合もある。同様の構成をとるものの、粗野なタイプの登場人物たちが集まり王妃の誘拐や隣国への攻撃などを企てる。

場面4

双方の側のメッセンジャーが森の中で出会い、小競り合い *perang gagal* がなされる。ここでは明確な勝敗は示されない。

場面5 *banyolan*

真夜中の不安で無秩序の時間帯に始まる。[3] 物語の主人公が従者とともに森の中を放浪する。この場面は中部ジャワの影絵ではゴロゴロと呼ばれる。主人公には何らかの事件の解決策がまだわかっていない（戦いであれば、相手をいかに破るべきかの方策がわかっていない）。従者たちは彼を慰めたり勇気づけたりするが、ここでの会話は滑稽なジョークを交えたものである。従者たちは最近のニュースを話題にし、政治的問題にコメントしたり上演の中で結婚したばかりのカップルの行く末を笑いものにしたりする。

3 この場面はジャワ島中部では、ゴロ・ゴロと言われている。また西ジャワでは、スマルとそのこどもたちの居住する村はカラントゥマリティス *Karantumaritis* という名である。そのためこの場面をカラントゥマリティスの名で言及することもある。

場面6

この場面の終わりの方で、主人公は敵方の怪物（羅刹、ラクササ）数人と戦い *perang kembang* を展開する。

場面7

明け方の三時ごろに始まる。いくつかの前座的な戦いののちに、物語の主人公はライバルと長い戦い *perang barubuh* を展開する。企みが明らかになり（多くの場合）善の側の勝利となる。勝者は集まり、結婚あるいは勝利の宴会などが開かれる。演目がマハーバーラタに関するものであれば、ビーマやガトートカチャは勝利の舞踊を演じることが多い。

場面8　最終場面

グヌンガンが舞台中央に置かれて上演が終了する。

通常、一つひとつの場面の変わり目ごとに、グヌンガンが舞台に置かれて場面転換を示す。また人形遣いによってスルック *suluk* またはカカウェン *kakawen* と呼ばれる詩の朗誦が挿入される。これによってその場面の描写あるいは登場人物の心情などが説明される。

上演によって場面構成には差異も見られる。場面の数も一定でなく、少ない場合もあれば十以上の場面を持つ場合もある。典型とされるのは（1）幕開き、（2）舞台となる王国の紹介と主要な登場人物たちの登場、（3）敵対する王国あるいは場所の紹介と主要な登場人物たちの登場、（4）双方のメッセンジャーの戦い *perang gagal*、（5）真夜中に始まる主人公と従者たちの場面 *banyolan*, *gara-gara,tumaritis*、（6）主人公とラクササの戦い *perang kembang*、（7）ライバルとの戦い *perang barubuh*、（8）最後の場面、という主要な骨格である。人形劇の場合には（1）に登場する従者役の人形 *Makthal* の舞踊は、人形操作の腕の見せ所となる。また（5）の真夜中付近の時間帯に従者が登場する場面では、従者を兼ねる道化役者たちが主人公を諭し、観客に多くの教訓を語り、ときには滑稽な演技を披露して観衆を楽しませる。（6）の戦いは「花の戦い」の意味を持ち、主人公の見事な戦いぶりが見せ場となる。（7）の場面は主人公の武将と敵対する武将との戦いを描く場面であり、物語のクライマックスである。（8）の場面では影絵の場合には木偶人形の舞踊が披露されることもある。実際の上演ではこれらの典型に基づきつつ、演目や状況に応じた構成が見られる。

4・1・3　演目の実例

以下に二〇一三年三月に西ジャワにて行われた上演記録に基づいて、実際の演目の構成について考察する。この上演における演目は第3章にも記した「ガトートカチャの戦死」である。演目のあらすじは以下のようなものである。

> パーンダヴァ軍はカウラヴァの勇者カルナの活躍により厳しい戦況にある。参謀クリシュナーはガトートカチャの出陣を要請する。ガトートカチャはカルナの攻撃をかわして戦う。苦戦したカルナは神々から授かった一度しか使えない武器であるコンタを放つ。ガトートカチャはコンタを受けて戦死する。

場面1　幕あきの従者マクタルの舞踊

人形遣いの人形操作の腕の見せ所となっている場面。マクタルの舞踊に続いてパーンダヴァ軍の主要な登場人物たちが舞台上に登場する。

第2場面　パーンダヴァの参謀クリシュナー、ビーマ、アルジュナ、ガトートカチャの登場

大戦中の戦略会議。敵方の武将カルナの対戦相手としてガトートカチャが指名される。

第3場面　ガトートカチャの舞踊
戦場へ向かって空を飛ぶガトートカチャ

第4場面
カウラヴァ側の陣営の怪物たちが登場する。

第5場面
カトートカチャの母アリンビの国。

第6場面
banyolan 道化役者スマルとチェポットの登場

第7場面　戦場

カウラヴァの武将カルナは義父にあたるシャーリアの操縦する馬車に乗ってガトートカチャを攻撃する。ガトートカチャはカルナの攻撃をかわす。とうとうカルナはアルジュナとの戦いのためにとっておいた秘矢コンタを放つ。

戦死

カルナの放った武器コンタに斃《たお》れるガトートカチャ

第8場面

死を悼むパーンダヴァ軍：ビーマ、アルジュナ、クリシュナーがガトートカチャの戦死を悼む。亡骸から天界の女神が外へ浮遊する。

第9場面　息子の死を嘆く母

母ヒディンビが息子の死を知って嘆く。一度は怒りのあまり怪物の姿になるが、クリシュナーの言葉によりもとの姿に戻り、息子の死を受け入れる。

第10場面　最終場面

グヌンガンが立てられ、スマルが登場して上演が終了する（二〇一三年三月十七日、西ジャワ州アートセンターにて、人形遣いアペップ・フダヤ）。

このように実際の上演では典型的構成は踏襲しないものの、それぞれの演目は構成上、始まりと舞台設定とクライマックスと終わりのある完結した構造を持ち、演目自体の独立性が高い[4]。ワヤンの一晩の上演には筋立ての完結した構成と演出の効果が組み込まれた形になっている。このように一つひと

4　こうした構成には演奏されるガムラン音楽の変化も密接に関連する。
　伴奏となるガムラン音楽も一晩の上演の中で演奏する調 ***pathet*** を変えていく。

つの演目がそれ自体で完結した構造を持っているためワヤンの演目は物語の時系列上の展開順にしたがって上演される必要はない。一晩の上演としてはそれ自体が完結した構造を持つため、人気のある登場人物にまつわる演目を頻繁に観ることになったとしても、筋立てを追う上で不都合なことは生じない。

また人形遣いは演目の様式的構成に則って適切な登場人物を配置することによって多くの創作の演目を創り出すことが可能となる。第3章でマハーバーラタの創作について考察したが、マハーバーラタの演目に創作された「枝葉の演目」が多く存在し中間部に膨大なレパートリーを構成しているのは、このような様式的構造に拠るところが大きいと考えられる。ワヤンの演目はこのような様式的構成のゆえに、叙事詩の大筋を土台としつつも、個々の演目が独立した物語となっている。演目を見ることで形成されていく物語の世界は書かれた歴史小説を読むことによって認識される物語世界とは異なる。演目を通して独立した物語を集積していくことによってワヤンの物語世界が成り立っているのである。

4・2　ワヤンの登場人物の性格分類

ワヤンにおける物語の提示方法について考察する際に重要なもう一つの要素は登場人物の「性格」分類である。ワヤンの登場人物はさまざまな種類の「性格」に分類される。この「性格」のことをワタック *watak* という。ワタックは「洗練された性格」から「粗野な性格」にいたるまで細分化されており、さらにこれに道化、動物、怪物などの性格が加わる。[5] 物語の内容だけではなく、この「性格」が規定するさまざまな要素が上演の中での登場人物の行動様式に意味を与えている。

5　ジャワでは「洗練された」の意味を持つ言葉はハルース *halus*、「粗野な」をカサール *kasar* と表現する。この価値観は文化事象の種類や人間の行動様式などを差異化する際の重要な指標となり得る概念である。舞踊や人形の「性格」についてもこれらの言葉を使うが、「性格」分類の用語としては、ここでの用語のように別の言葉を用いることもある。

人形劇の場合に「性格」カテゴリーの基準となるのは人形の形態である。人形の顔の色、形相、頭の角度（頭の上げ加減）などの要素によって「性格」が規定される。そしてこれらの「性格」はその登場人物の声色、話し方、しぐさ、戦い方などの行動様式のすべてを規定する。この「性格」分類はワヤンに限らずジャワの芸能全般にわたってみることができる。舞踊の場合には、踊り手に要求される姿勢や体の動きを規定する。踊り手の頭の角度、足の開き方、手の挙げ方、動きの大きさ、勢いなどの要素をこの「性格」が規定している。以下に西ジャワの人形劇を例にして代表的な「性格」について検討する。

①サトリア・ルング *satria lungguh*

貴公子の役柄で頭が下向きのポジションにあるものがこれに分類される。人形の形相としては、目が切れ長で鼻筋が通っており口は閉じているか少し開いている。顔の色は白またはうすいピンクやオレンジ色である。

このタイプの代表的な登場人物はラーマーヤナのラーマ、ラクシュマナ、マハーバーラタのアルジュナなどである。上演の中では静かで洗練された物腰で台詞も低くかみ締めるようなしゃべり方をする。上演の中で演じる舞踊も人間の踊り手が演じる「洗練された性格」の舞踊の型と同じである。

②サトリア・ラダック・ダンガ *satria ladak dangah*

貴公子の役柄で頭が上向きのポジションにあるものを指す。人形の形相はサトリア・ルングとほぼ同じである。顔の色も白、うすいオレンジ色やピンク色がある。

このタイプの代表的な登場人物はマハーバーラタのクリシュナーやカルナである。上演の中では洗練された物腰ではあるが、やや機敏な動きをする。台詞は高い声で立て板に水を流すような速さで語る。舞踊もより敏捷な動きを演じる。

③プトリ・ルング ***putri lungguh***

女性の登場人物で頭が下向きのポジションにあるもの。顔の形態はサトリア・ルングに類似している。サトリア・ルングとプトリ・ルングは、人形の顔だけを見るとほぼ同じであり、両者の区別はつきにくい。女性であることを示すのは、髪型（髷など）と胴体の形や衣装などである。このタイプの代表的な登場人物はラーマーヤナのシーター、マハーバーラタのスバドラーなどである。

プトリ・ルングは上演の中では女性の声であるためやや高い声ではあるが、台詞はやはりゆっくりと静かに語る。

④プトリ・ダンガ ***putri dangah***

女性の登場人物で頭が上向きのポジションにあるもの。人形の形相はプトリ・ルングとほぼ同じであるが、頭の角度が上向きになる。このタイプの代表的な登場人物はマハーバーラタの女性戦士シカンディンである。

上演の中では甲高い声で勢いよく台詞を語る。

⑤ポンガワ・ルング ***ponggawa lungguh***

大臣あるいは宰相の役柄で頭が下向きのポジションにあるもの。鷲鼻と大きな丸い目、濃い口ひげとあごひげによって特徴づけられる。顔の色は、ピンク、青、緑などさまざまである。勇敢でやや洗練さに欠ける。

このタイプの代表的な登場人物は、マハーバーラタのガトートカチャなどである。上演の中では、このタイプの登場人物は低く太い声で静かにゆっくりと台詞を語る。舞踊の型は、やや堅い動きでより荒々しいものとなる。このタイプの人形は人形自体の大きさも①から④に比べると大きくなる。

⑥ポンガワ・ダンガ ***ponggawa dangah***

大臣あるいは宰相の役柄で頭が上向きのポジションにあるもの。顔の形は⑤のポンガワ・ルングと似ているが、怪物などの場合には牙などがつくこともある。ポンガワ・ルングに比べてより荒々しい行動様式を持つ。このタイプの代表的な登場人物はマハーバーラタに登場するブラジャムスティなどである。台詞は太い大きな声で荒々しく語り、舞踊を演じる際にも激しい動きが特徴的となる。

⑦ダナワ・ラジャ ***danawa raja***

魔物の役柄で王位にある登場人物。太く突き出た鼻と丸い目と下向きの牙などがある。顔の色は赤、ピンク、濃赤色などの濃い色が多い。このタイプの代表的な登場人物はラーマーヤナのラーヴァナ、マハーバーラタのブリスラワなどである。

⑧ダナワ・パティ ***danawa patih***

魔物の役柄で大臣・宰相の位にある登場人物。太く突き出た鼻と丸い大きな目と下向きの牙を持つ。顔の色はやはり赤などの濃い色が多い。このタイプの代表的な登場人物はラーマーヤナのクンバカルナ、マハーバーラタのドゥフシャーサナなどである。

実際にはワヤンの人形は非常に多様で、髪型や顔の形の細部のヴァリエーションによっては上記のカテゴリーのみでは捉えきれず、これらの狭間に存在するような「性格」分類もある。上に挙げた分類の他にも道化役者、動物（主にサル）のカテゴリーがある。これらの性格分類は、物語の筋立てにかかわりなく登場人物の行動パターンのさまざまな側面を規定している。「洗練された」タイプの貴公子であれば、物語中のどのような場面であっても基本的にはその話し方、声色、しぐさ、踊り方、戦い方は、「洗練された」性格の範囲内で行われる。ワヤンの観客は「洗練された」貴公子であるアルジュナが登場すれば、彼の行動パターン、すなわち低い抑制された声色で話し優雅に踊りときに馬に乗り弓矢をつがえて必ず敵を倒す、などの特徴を知りながら、その行動パターンの実現のされ方を楽しむのである。「粗野な」タイプの登場人物も同様で、太く大きな声、大げさな身振り、大股で歩き落ち着きのない態度などの特徴がある。

主要な登場人物であれば、登場や戦いなどの際の特定の楽曲（テーマ曲）が決まっている場合もある。⑤のポンガワ・ルングの代表として知られる、マハーバーラタの登場人物ガトートカチャは、登場に際して「グヌン・サリ *Gunung Sari*」という楽曲を演奏する。また戦いなどの高揚した場面では、「ベンドロン *Bendrong*」という楽曲を演奏する。

これらの性格は物語が異なる場合でも共通点を持つ。たとえばラーマーヤナの登場人物であるラクシュマナ（ラーマの弟）は、マハーバーラタのアルジュナと同様、「洗練された」性格を持つ。マハーバーラタとラーマーヤナは物語の筋は違っているが、ラクシュマナの行動パターンはアルジュナと非常によく似ている。

このように登場人物の「性格」は、上演の中である程度までステレオタイプ化されたやり方で登場人物の行動パターンを規定している。したがってワヤンの人形は、同じような「性格」カテゴリーに属するものであれば、壊れた場合や忘れてきた場合などにある程度までは別の人形で代用できることもある。アルジュナやラーマなどの有名な登場人物で個別的な特徴を持つ人形には代役はきかないが、それほど主要ではない登場人物の場合には代用することがある。

このように「性格」カテゴリーがある程度まで決められているため、演者も観客もこれらの性格カテゴリーについて一定の共有された認識を持つ。ワヤンの観衆は、物語の内容や筋立ての様式性と共に登場人物の「性格」の様式性についても一定の認識を共有している。ワヤンの演目の中で叙事詩の一部分が時系列上の順番とかかわりなくランダムに提示される、と先に述べた。それにもかかわらず、ワヤンの観客は物語が構成上の様式性を持つこと、また登場人物一人ひとりの「性格」カテゴリーが様式化されていることによって、演目の内容を容易に理解することができるのである。観客は登場人物の登場の仕方や順番、台詞の特徴、戦いの勝者などについてある程度まで予測しつつ、その様式化された上演を楽しむのである。演目の様式的構成とともにこの登場人物の「性格」も物語の展開を明確にする重要な要素の一つである。

コラム5
仮面の性格

影絵や人形劇における人形の「性格」カテゴリーと同じような分類は、仮面劇においても見ることができる。仮面の場合も、顔の色、目の形、鼻の形、口の形などが「性格」カテゴリーを決める重要な要素となる。仮面をつける踊り手は、顔の角度や手の開き方、足の位置などを変えて、これらの性格に合わせた所作や舞踊を演じる。

東南アジアの伝統的な芸能においては、多くの場合こうした「性格」の違いを表現する型がある程度まで決まっている。演者はこれらの型をまず身につける必要がある。たとえばカンボジアの仮面舞踊劇の場合、登場人物は身分の高い男性あるいは男性神、身分の高い女性あるいは女性神、怪物、猿の四つのタイプに分けられる。それぞれのタイプごとに、仮面のデザイン(仮面をつけるのは怪物と猿に限られる)、衣装や装身具、立ち居振る舞いがある程度まで決められている。

ジャワ島北岸チルボンの仮面舞踊では、通常「洗練された性格」から「粗野な性格」に至る五種類の仮面を一人の踊り手がつけ替えながら上演する。

ジャワ島チルボンの仮面

第5章

叙事詩のテクスト

第4章で述べたように、ワヤンの演目は叙事詩や物語における特定のエピソードであり、上演の順序も叙事詩の中の時系列順とは必ずしも一致しない。上演の中で提示されるエピソードは叙事詩の一部分であり、また上演は物語の筋立てを提示するのみならず様式的構成に沿った表現を主眼とする。したがって演目の上演を観ることによって叙事詩の全体像を知ることは難しい。

一方でワヤンの観衆や演者は上演以外の場でも叙事詩に触れる機会があり、さまざまな局面で叙事詩の内容について理解を深め情報を得ることができる。書かれたテクストや上演以外の場で提示される物語とワヤンの上演とは必ずしも直接の関連があるとは言えないが、叙事詩の内容を認識することは上演を支える物語についての知識を得る重要な機会である。その意味でテクストと上演は相互に関連を持つと言えるだろう。

第2章と第3章においてラーマーヤナとマハーバーラタのジャワへの伝播を考察する際に、両叙事詩の書かれたテクストについて概略的に記述した。書かれたテクストの中にはワヤンの上演と密接に関連を持つものもあった。特に中部ジャワの宮廷では書かれたテクストをもとにして人形遣いたちにワヤンの物語について教えるという機会があり、上演の内容は書かれたテクストに影響を受けていた。また書かれたテクスト自体が当時の歴史的経緯を反映してさまざまな変遷を遂げていく場合もあった。第2章で述べたラーヴァナ誕生のエピソードの歴史的変遷過程はその興味深い事例の一つである。

書かれたテクスト自体はさまざまな影響を受けて歴史と共に変遷を遂げている。書かれたテクストのリテラシーがジャワ宮廷社会に占有されていた時期もあったと考えられるが、中にはラーヴァナ誕生のエピソードのように人形遣いたちに伝わりワヤンの上演実践に直接の影響を及ぼしたものもある。その場合には、書かれたテクストは人形遣いを通してワヤンの中で上演されジャワの観衆に知られる、という道筋をたどる。

それに対して現在では、書かれたテクストそれ自体が消費の対象となっている。識字率の上昇にともなって、活字になった物語のリテラシーは限られた階層の人々だけでなく多くの人々に共有されるようになった。また今日の教育制度の中では叙事詩の書かれたテクストを台本として用いる人形遣いも出現し、書かれたテクストのリテラシーは多大な影響力を持ち、上演に変化をもたらしつつある傾向も指摘されている（Sears 1991）。

現在インドネシアの書店では、ラーマーヤナ、マハーバーラタの翻訳や書物も見ることができる。こどもの本のコーナーにも、後述するワヤン・コミックをはじめとしてさまざまな物語の本が並んでいる。教育文化省からは、インドネシア各地の説話や伝統的な物語を記した書物も多く出版されている。このような書かれたテクストを通して、インドネシアの一般の人々が叙事詩や物語の全体的な内容にアクセスする機会は格段に広がったと言えるだろう。

書かれたテクストを通して人々は物語世界への認識を深めていく。それは、直接ワヤンの上演に結びつくとは限らないが、叙事詩の内容や登場人物についての情報を多く知ることによってワヤン上演を支える物語世界を広げていくことにつながるだろう。以下にジャワ島とバリ島で一九五〇年代から八〇年代にかけて普及したコミックについて取り上げる。

5・1　R・A・コサシによるワヤン・コミック

書かれたテクストの独特な例としてワヤン・コミック *komik wayang* と呼ばれる漫画を取り上げる。

すでに述べたように、書かれたテクストは宮廷文学に携わる知識人や研究者などの限られた人たちに知られるにとどまる傾向があったが、識字率の上昇と印刷物の普及によって多くの一般の人々にも広まった。書かれたテクストの多くは書物の形態であったが、一九五〇年代以降にコミックというメディアが流行し、年齢層や階層の別を越えて多くの人々に共有され広く浸透していった。ここではその事例として、R・A・コサシ *Kosasih*（一九一九〜二〇一二）のマハーバーラタを描いた作品を取り上げる。なお以下の記述は一部が拙稿（福岡 2013）に基づいている。またコサシのコミックのラーマーヤナに関する考察は別稿（福岡 2009a, 2011, Fukuoka 2015）を参照されたい。以下の記述においては、書名、登場人物名はコサシのコミックにおける表記を採用し、必要に応じて（ ）内にサンスクリット名を記す。

コサシのコミックは、一九五〇年代以降にインドネシアの大衆社会に広く浸透した。コサシは作品中の説明文や台詞などの言語テクストとしてインドネシア語のテクストを採用している。これはジャワ島やバリ島といった特定の地域の人々だけではなく、より広い読者層を想定して書かれたためである。このコミックは「ワヤン・コミック」*komik wayang* と呼ばれている。名称の由来は最初の作品が影絵と人形劇におけるマハーバーラタのエピソード（Burisrawa merindukan bulan）に基づいていたためであるとされる。またコサシが登場人物を描くにあたって西ジャワの舞踊劇ワヤン・オラン *wayang orang* のコスチュームを採用したことも名称の根拠とされている。現存する作品群の中には「ワヤンのコミック」つまり影絵と人形劇の演目をコミックにしたものもある。一方で多くの作品は、ラーマーヤナとマハーバーラタの全体の筋を描いたシリーズとなっている。シリーズで書かれたラーマーヤナ、マハーバーラタ、バラタユダなどの作品群は代表的な作品とされている。**表1**は、バンドゥンのエルリナ社から現在増刷されているコミックのリストをもとにして作成したコサシの作品表である。[1]

この作品表の中には、「ラマヤナ」、「ラマとシンタの誕生」、「アルジュナ・サスラバフ」、「マハバ

1 この作品表は、バンドゥンのエルリナ社から増刷されたコミックのリストの中から著者名がコサシのものを選んで作成した。

ラタ」、「バラタユダ」、「パンダワ・セダ」、「パリクシト」など、ラーマーヤナとマハーバーラタのシリーズが見られる。影絵と人形劇に特有のエピソード「デワ・ルチ」、「アルジュナ・ウィワハ」などもあるが、ラーマーヤナとマハーバーラタのシリーズが分量的には多くを占めている。したがって影絵と人形劇の演目のみがコサシのコミックの主要な母体ではない。むしろ、影絵や人形劇を通して知

表1　R. A. コサシの作品表
※現在、西ジャワバンドゥンのエルリナ社が取り扱っているコミックのうち、作者名がR.A. Kosasih のものは以下の29の作品となっている

1.	マハバラタ Mahabharata ABC
2.	続マハバラタ Lanjutan Mahabharata ABC
3.	バラタユダ Bharatayuda ABCD
4.	パンダワ（パーンダヴァ）の昇天（逝去）Pandawa Seda AB
5.	パリクシト Raden Parikesit AB
6.	ウドラヤナ Prabu Udrayana ABC
7.	ラマヤナ Ramayana ABC
8.	ラマの息子たち Putra Rama AB
9.	ワヤン・プルワ（原初のワヤン）Wayang purwa ABCD
10.	アルジュナ・サスラバフ Arjuna Sasrabahu ABCD
11.	プルワ・チャリタ Raja Purwa Carita ABCD
12.	ボマンタラ Bomantara ABCD
13.	パンジ・スミラン Panji Semirang ABCD
14.	ケン・アロック、ケン・デデス Ken Arok Ken Dedes AB
15.	チャンドラ・ビラワ Candra Birawa AB
16.	ハスティナ（ハースティナプラ）の祖先 Leluhur Hastina AB
17.	ラマ（ラーマ）とシンタ（シーター）の誕生 Lahirnya Rama dan Sinta AB
18.	ダサムカ（ラーヴァナの別名）Dasamuka ABC
19.	クレスナ（クリシュナー）Batara Kresna ABC
20.	ハノマン（ハヌマーン）Hanoman ABC
21.	バガヴァッド・ギタ Bagawad Gita
22.	アルジュナの饗宴 Arjuna Wiwaha
23.	ワジョ・シンカン王国 Kerajaan Wajo Singkang AB
24.	ミンタラガ修行僧（苦行中のアルジュナ）Begawan Mintaraga AB
25.	デワ・ルチ Dewa Ruci
26.	ブリスラワ月を慕う　Burisrawa Merindukan Bulan
27.	太陽神の息子（カルナの別名）Bambang Surya Putra
28.	シティガハラ Sitigahara ABC
29.	ウィスヌ（ヴィシュヌ）神 Batara Wisnu

られているエピソードも含めて、「ラーマーヤナ」あるいは「マハーバーラタ」という一つの物語の大筋を再編した、という点が特徴的である。コサシのコミックによってラーマーヤナとマハーバーラタの内容が広くインドネシアの人々に知れわたり、その結果として影絵や人形劇の物語について知識を深めた人々が増えていったと考えられる。

以下に、『テンポ』一九九一年十二月二十一日号の特集記事（Chudori 1991：41-63）とインタビューの結果に基づき、コサシのコミックが生み出された経緯について記す。

R・A・コサシは一九一九年に西ジャワ州のボゴールに生まれる。こどもの頃から絵を描くのが好きで、母親が市場の買い物から持ち帰る野菜の包み紙の新聞紙からターザンのコミックを拾い読みするなど、コミックに興味を持っていた。コミック以外のメディアとしては映画や人形劇にも関心を示した。特に西ジャワの人形劇を頻繁に見て、それぞれの登場人物の特徴や舞台上での位置、また人形遣いの技に至るまで覚えてしまうほどであった。その他、ラジオ放送を通して多くの人形遣いの上演にも親しんだ（インタビュー：二〇一二年三月十五日）。西ジャワの人形劇に強い影響を受けたため、コサシはワヤンの物語をコミックにすることにも関心を抱いていた。HIS（Hollandsch-Inlandsche School）学校でオランダ語の教科書の挿絵にも興味を持ち、卒業後はボゴールの農業省で、出版物の挿絵を描く仕事についた。[2] 一九五〇年代の初期にバンドゥンのコミック週間に作品を投稿しそれが採用されたのを機にコミック作家として活動し始める。最初の作品はスリ・アシ *Sri Asih* というスーパーヒロインの活躍する物語であった。コサシは勇ましい女性のキャラクターを好んでいた。当時のコサシの作品は、フラッシュ・ゴードンなどの海外からのコミックの影響を強く受けていた。[3] 日本軍による支配の時代にはコサシの活動も打撃を受けた。当時勢力を持っていた人民文化協会（Lekra）によって、多くのコミックは西洋的な特徴を持っているというかどで禁止された。[4] このような状況の

2　HISは、Hollandsch-Inlandsche School の略称で、オランダ統治時代に、現地人の子女にオランダ語で教育を行った七年生の初等学校を指す。

3　作品表の27番目に見られる『シティガハラ』は女性のスーパーヒロインの物語であるとされている。漫画家G・M・スダルタによると、シティガハラの描写はジャワの民族衣装とは異なる露出度の高い服装で、その行動様式もジャワ人女性の規範とは異なる活動的なものであった。スダルタはこうしたスーパーヒロインを描いた作品が当時は非常に新鮮であったことを回想している（インタビュー：二〇〇八年七月八日）。このように伝統的な規範を大きく打ち破る作品は、海外のコミックの影響を受けた結果であると考えられる。

4　人民文化協会はレクラ Lekra（Lembaga Kebudayaan Rakyat）の名称で知られている。一九五〇年に、インドネシア共産党ＰＫＩ（Partai Komunis Indonesia）の下部組織として結成された。

中でコサシは、伝統的な神話や説話を題材とするコミックを描くことを模索した。一九五三年に彼は最初のワヤンのコミックを生み出した。マハーバーラタに基づくエピソード「ブリスラワ月を慕う」*Burisrawa Merindukan Bulan* であった。ワヤンのコミックを売り出すことに難色を示した出版社の意向に反して、最初の作品は積極的な評価をもって迎えられた。これが、コサシがワヤン・コミックを描き始める端緒となった。コサシはこの頃、ボゴールの図書館から『バガヴァット・ギーター』のインドネシア語訳（バライ・プスタカ社刊）に出会い、叙事詩の原典訳を作品の主要な源泉とするという着想を得る。このような経緯を経て、マハーバーラタとラーマーヤナの全編を描いたコミックが生み出された。これらの作品は現在までコサシの代表作として知られている（Chudori 1991 : 41-63）。

5・2　マハーバーラタの作品　実例

長大な叙事詩であるマハーバーラタは、コサシのコミックの中でも多くの作品群の集積として創作されている。現在、西ジャワ州バンドンのエルリナ社が出版しているリストによればマハーバーラタの大筋を描いた作品としては、①『マハバラタ *Mahabharata* ＡＢＣ』、②『続マハバラタ *Lanjutan Mahabharata* ＡＢＣ』、③『バガワド・ギタ *Bhagawad Gita* ＡＢＣ』、④『バラタユダ *Bharatayudha* ＡＢＣＤ』、⑤『パンダワの昇天 *Pandawa Seda*』、⑥『パリクシト *Parikesit* ＡＢ』、⑦『ウドラヤナ *Prabu Udrayana*』などがある（物語の展開順にしたがってここでは便宜上番号を付した）。これらのシリーズの中で特に②、③、④には一部重複する部分が見られる。④のバラタユダについては後述するが、コサシはこの物語を部分毎に創作しそれらを組み合わせて④を構成している。したがって④はABCDの四巻のうちAとBの一部は一九七七年に、Bの後半から一九七八年に創作されている。

一方で、『アルジュナの饗宴 *Arjuna Wiwaha*』、『デワ・ルチ *Dewa Ruci*』など影絵や人形劇に特有のエピソードも採用されている。マハーバーラタにおけるこれらのエピソードは特にジャワ島の影絵や人形劇に特有のものでその内容もよく知られている。『アルジュナの饗宴』はサンスクリット語のマハーバーラタ第三篇『森の書』に取材した翻案である。アルジュナは武芸に秀でた貴公子で多くの女性を魅了する美男子でもある。山中で苦行するアルジュナがインドラ神の要請によって天界を脅かす魔王を退治し、その報酬に天界で天女と七日間の結婚生活を楽しみ地上に帰還するまでを描いた作品である。この作品は東部ジャワのクディリ王国のアイルランガ王（在位一〇一九~四九年）の時代に宮廷詩人ムプ・カンワによって書かれたとされる（松本 1994 : 90）。なおコミックの『アルジュナの饗宴』にはその続編として『ウィサングニの誕生』が位置づけられている。アルジュナと天界の火神の娘の間に生まれるウィサングニを描いた物語で、これも土台となるのは影絵と人形劇のエピソードである。

『デワ・ルチ』はビマ（ビーマ）をジャワ神秘主義の奥義を究めた人物として描いたエピソードである。十九世紀にジャワ島の宮廷詩人ヨソディプロ一世（一七二九~一八〇三）によって書かれたとされるこの物語は、影絵と人形劇の代表的エピソードである。ビマは武芸の師ドゥルナ（ドローナー）の申しつけにより「生命の水」を探す旅に出る。海中で大蛇と戦い瀕死の状態となったビマはそこで自分自身の内面であるデワ・ルチに出会う。ワヤンの中ではデワ・ルチはビマと同形で小型の人形として登場する。ビマはデワ・ルチの左耳から体内へ入り自己の内面を旅する。そして帰還したときには人生の奥義を究め己を知る者となる。コミックの中ではこどもの風貌の登場人物デワ・ルチがビマとの問答を行うプロセスが描かれている（Kosasih n.d.）。『デワ・ルチ』に代表されるように、マハーバーラタの人物設定に基づきジャワ神秘主義を提示する演目が存在する。『デワ・ルチ』はジャワ島独自の演目ではあるが多くの人々に知られている典型的な例である。

漫画家G・M・スダルタが述べるように、影絵や人形劇の中で語られてきた不思議な出来事や想像の世界はコミックというメディアによって具体的な形で提示されるようになった（インタビュー：二〇〇八年七月八日）。『バガワドギタ』や『デワ・ルチ』における内容は影絵や人形劇の中で演じられる格調高い語りの技法とは一線を画し、具象的で平易なものになっている。その意味でこれらの演目に見られる哲学的内容が体現されにくいという部分もある。だがコサシがこうした哲学的内容をこどもを含む多くの読者に理解できるように提示したことは、人々がインドの叙事詩に親しむ重要な契機となった。

以上のようにコサシのコミックに見られるマハーバーラタの作品群の特徴は、古代インドの叙事詩の大筋を描いたものに加えて、ジャワ島の影絵や人形劇に特有のエピソードを採り入れたものがあることである。筆者はラーマーヤナのコミックの特徴について考察した際に、コサシが細部にオリジナルの要素を取り入れながらラーマーヤナの大筋を再編したことを指摘した（福岡 2009）。マハーバーラタについてもさきほどの①から⑦に相当するシリーズに関しては同様の傾向が指摘できる。その一方で『アルジュナの饗宴』、『デワ・ルチ』など影絵と人形劇のエピソードを作品群に採り入れたことは顕著な特徴である。

こうしたシリーズの分類の仕方や影絵と人形劇のエピソードの作品化などがいかなるプロセスの中で行われたのかという課題は、今後の作品分析の中で解明すべき重要な課題である。シアーズは一九八三年創作と推定されるクレスナのライフヒストリーを描く作品『バタラ・クレスナ』を取り上げて、この作品が一九七〇年代後半に影絵の人形遣いナルトサブド *Nartosabudho*（一九二四～一九八五）によって確立されたバンジャラン *banjaran* と呼ばれる上演方法の影響を受けていると指摘する（Sears 1996：275）。この手法は特定の登場人物をクローズアップして数回の上演でそのライフヒストリーを描いていく上演方法である。ジャワ島クラテン出身の漫画家スダルタもこの上演に親しんだことを回想している（インタビュー：二〇〇八年七月八日）。これについてコサシにインタビューを行ったところ、彼はナルトサブドの上演を直接観た経験はないが、ラジオ放送などを通してその手法について知っていたと述べた（インタビュー：二〇〇九年三月十五日）。当時、ラジオ放送がコサシの創作に多大な影響を及ぼしたことを考えると、シアーズの指摘するように影絵上演の当時流行していた手法を採り入れた作品を創ったという可能性も高い。

上記のような点を考慮すると、作品の分け方や構成方法にはさまざまな要因が影響している。ラジオ放送やライブ上演を観ることを通して触れた芸能上演の方法から着想を得た部分もあれば、一九五〇年代以降インドネシア国内で出版されていた何らかの書籍のシリーズの分け方を踏襲したという可能性も考えられる。現時点では詳細が不明な点も多いが作品の出版年を特定して内容を詳細に分析することを通して芸能上演や文献資料との内容の関連を探っていくことも今後の課題である。

5・3　マハーバーラタのエピソードの事例：「ジャヤ・スビタン」

マハーバーラタの大筋を再編したものに関しては細部に人形劇の内容が採用されていることを指摘したが、こうした特徴を顕著に示す事例を以下に提示する。ここでは大戦争バラタユダのエピソード「ジャヤ・スビタン」を取り上げて人形劇の演目とコミックの内容の比較を通して考察する。人形劇においてこの演目は物語のクライマックスである大戦争の終盤に位置づけられる。演目名の「ジャヤ・スビタン」は「大いなる裂傷」の意であり別名「サンクニの戦死」とも呼ばれる。コラワ（カウラヴァ）側の参謀サンクニ（シャクニ）は数々の奸計を企ててはコラワの長兄ドゥルユダナをそそのかしてきた人物とされる。「ジャヤ・スビタン」は災いのもととなったサンクニの口をパンダワの勇者ビマが切り裂く、という意味でつけられた演目名である。

5・3・1　人形劇の事例

以下に二〇一二年三月十九日に西ジャワ州バンドンのスリ・バドゥガ博物館において行われた人形遣いダダン・スナンダールの上演から物語の展開を記述する。この演目はコラワの次兄ドゥルササナ（ドゥフシャーサナ）とビマの一騎打ちから始まる。ドゥルササナは大戦の十三年前にパンダワの長兄ユディスティラ（ユディシュティラ）がサイコロ賭博で負けた際に、その妻ドルパティ（ドラウパディー）の髪をつかみ衣装をはがそうとした。この行為を心に刻んだドルパティはいつの日がドゥルササナの血で髪を洗うまではほどけた髪を髷に結うことは決してしないと誓う。彼女のこの誓いは大戦争バラタユダの大きな原動力となった。演目の中ではパンダワの勇者ビマがドゥルササナを倒し従者役のチェポットにその血をとるように命じる。従者に理由を尋ねられたビマは、ドゥルパティの髷を結うためにその血が必要であることを語り十三年前の経緯が説明される。その次の一騎打ちとして、サンクニとパンダワの五男サデワ（サハデーワ）との戦いとなる。サデワの放った矢に倒れ瀕死の状態となるサンクニにビマが対峙する。彼はこれまでの数々の奸計についてサンクニの責任を問い、大戦争バラタユダを起こした張本人としてサンクニを糾弾する。そしてさまざまな策略を述べたその口を爪で切り裂きサンクニを倒す。

写真① パンダワの勇者ビマがコラワの次男ドゥルササナと戦う。左からビマ、ドゥルササナ

写真② 斃れたドゥルササナの血をとるようにビマが従者を呼ぶ。左からチェポット、ビマ、ドゥルササナ

写真③ パンダワの五男サデワが弓矢でコラワの参謀サンクニを狙う

写真④ 大戦争を起こした責任を糾弾し、その爪でサンクニを倒すビマ。左からビマ、サンクニ

上演を行ったダダン・スナンダール・スナルヤはジェレコン出身の「ギリ・ハルジャャ」の三代目として現在活躍中の若手人形遣いである。「ジャヤ・スビタン」は今回の上演のためにマハーバーラタの中から人形遣い自身が選択したものである。この演目は大戦争のクライマックスであり重要な登場人物の戦死も見られる。通常は大戦争バラタユダに関する演目は上演することが畏れられている場合が多い。主催者はこれらの演目を上演する際に供物などを念入りに準備して上演が無事に終了するように細心の注意を払う。不手際が起こって上演が滞るようなことがあった場合には日常世界において不吉な出来事が起こるとも言われる。たとえ上演の中であっても、また悪の側の登場人物であっても戦死させることに対して人々は強い畏れを抱く。これは上演の世界と日常世界とが決して無関係ではなく、上演の世界が日常世界に強い影響力を持つと信じられていることのあらわれであるだろう。だがこの演目の内容は敬遠されるものなのではないかという質問に対するダダンの答えは、頻繁に上演される人気の演目であるというものだった（インタビュー：二〇一二年三月十九日）。実際の上演の中では物語の本筋となる戦いの部分にはそれほど時間をかけず、むしろその前段階の道化役者の演技などに多くの時間が割かれていた。その意味ではこの演目の持つ畏怖という要素はやや軽減され、代わりにエンターテイメントとしての要素がクローズアップされていたと考えられる。特に物語の中の戦いの展開順が改変されていたことは顕著な特徴である。本来「サンクニの戦死」は「ドゥルササナの戦死」のすぐ後ではなく、その後の「カルナの一騎打ち」の後に演じられる。しかしこの演目の中ではビマの活躍が見られるドゥルササナの戦死とサンクニの戦死を続けて上演していた。サウンドシステムで拡声された語りや歌も大音量で響き渡り、戦いの部分は若い人形遣いによる力強くスピード感のあふれる上演となっていた。戦いに至る経緯やそのプロセスをじっくり語って見せるという上演の方法よりは、次々と戦いを展開していくスピードや勢いが重視された上演であった。さまざまな映像メディアが流布する今日の状況において人形劇の上演も変わりつつあるようだ。映像メディアに匹敵するようなダイナミックな要素を強調する必要に迫られている可能性もある。エピソード全体を通してパンダワの勇者ビマの活躍が多く描かれており道化役者の演技も多く、そうした内容が人々の人気を得ていたと考えられる。

5・3・2　コミックの中のジャヤ・スピタンに相当する部分

以下にコミックの中のサンクニ戦死の場面について記述する。この物語は『バラタユダ』の中に見られる。コサシが一九七七年から一九七八年にかけて創作した『バラタユダ』の作品は以下のような十三に分かれた構成になっている（ここでは便宜上番号を記した）。

1 Persiapan Bharatayuda　大戦争バラタユダの準備、2 Bhagawatgita　バガワトギタ（バガヴァットギーター）、3 Gugurnya tiga satria Wirata　ウィラタ国の三人の武将の戦死、4 Gugurnya Irawan　イラワンの戦死、5 Bisma Dewabharata　偉大なるビスマ（ビーシュマ）、6 Srikandi Tandingan　スリカンディ（シカンディン）の戦い、7 Abimanyu Gugur　アビマニュの戦死、8 Tugas Perlaya　戦死という責務（ガトカチャの戦死）、9 Ajalnya Resi Dhorna　ドルナ（ドローナー）の戦死、10 Ajalnya Dursasana　ドゥササナ（ドゥフシャーサナ）の戦死、11 Karna Tandingan　カルナの一騎打ち、12 Ajalnya Prb. Salya　サルヤ（シャーリア）の戦死、13 Ajalnya Duryudana　ドゥルユダナ（ドゥルヨーダナ）の戦死

この物語は部分的に『続マハバラタ』と『バガワトギタ』と重複する箇所も見られる。各部分の冒頭あるいは最後に製作年が記されており、1～6までは一九七七年の記述が見られ、6の後半からは

図2　『バラタユダ』より　サンクニ戦死の場面（Kosasih 1978 : 623-624）
p.623　サデワがサンクニとの戦いを終わらせようとしているのを見たビマが自らサンクニに対峙する。ビマはサンクニに大戦争を引き起こしたと糾弾する
p.624　ビマはサンクニにとどめを刺し、責務を果たしたビマの足もとには口を耳まで切り裂かれたサンクニが倒れていた

一九七八年の記述が見られる。コサシの『バラタユダ』は基本的にはインドにおける物語の内容に忠実なものとなっているが、以下に挙げる例のように人形劇の内容を採用した部分も見られる。[5]

3・1で述べた人形劇の演目に相当するコミックの中のサンクニ戦死のエピソードは、コラワの長老サルヤ（シャーリア）とパンダワの長兄ユディスティラの戦いに先立つ部分となっており、前述の構成の中では12の前半を成す（Kosasih 1978 : 621-624）。この部分はバラタユダ大戦の終盤に近いクライマックスを構成する。物語はサンクニの戦死にサルヤの戦死が続き、そして最後にコラワの長兄ドゥルユダナ（ドゥルヨーダナ）とビマの戦いになる。この戦

5　コサシのバラタユダにはいくつか特徴的な点が見られる。特に影絵や人形劇の物語に見られない特徴を以下に記す。12のサルヤの戦死において、対するパンダワの長兄ユディスティラは直接サルヤに矢を当てず矢を地面に向かって放つとそれが跳ね返ってサルヤに命中するという展開になる（Kosasih 1978 : 638）。影絵と人形劇の中ではユディスティラは武器を使うことなくサルヤが自滅する、あるいは矢の代わりにイスラームの祈祷書をサルヤの胸に放つなどの展開が知られている（松本 1981）。また13においてコラワの長兄ドゥルユダナは水中にひそんで戦いの行く末を案じているが、それを見つけ出したクレスナとユディスティラは戦意を喪失したドゥルユダナに対して最後まで武将として戦うように説得する（Kosasih 1978 : 653-656）。影絵と人形劇の中ではドゥルユダナは負けを認めようとしないという内容になっている。

いの展開順はほぼオリジナルに忠実なものとなっており、インドのマハーバーラタにおける大戦争の構成を踏襲している。前述のようにドゥルササナの戦死に続くサンクニの戦死を描いていた人形劇上演の方が変則的形態となっている。

人形劇の中ではサデワが矢でサンクニと戦うが、コミックの中では剣を用いて戦うという違いが見られるものの、サデワとサンクニの戦い、サンクニとビマの対峙、大戦争の責任の追及、さまざまな奸計を発したその口を切り裂くという展開は共通する（図2を参照）。

コサシのコミックには「ジャヤ・スビタン」という演目名は登場しない。だがビマがサンクニを倒す場面の詳細は人形劇とほぼ同じ内容になっている。これはコサシが人形劇の上演内容に基づいて作品の細部を構成したためであると考えられる。二〇一二年の調査で人形劇の「ジャヤ・スビタン」の内容に関するインタビューを行った際、コサシは記憶が定かでないと言いつつも前述の人形劇の展開とほぼ同じ内容を語った（インタビュー：二〇一二年三月十五日）。この事例が示すようにコサシは物語の構成や大筋はオリジナルのマハーバーラタの展開をほぼ忠実に踏襲したがその一方で細部の内容には自らが親しんでいた西ジャワの人形劇を含むさまざまな要素を取り入れてきた。このようにして細部を脚色しつつ叙事詩の大筋を魅力あるものとして再編したことは、コサシの重要な功績であるだろう。

5・4　コサシのコミックにおける叙事詩

コサシのコミックは、画像とインドネシア語によるテクストを介した媒体として、一九五〇年代以降インドネシアの大衆社会に広く浸透した。現在六〇代の芸術家や文化人の中には、コサシのコミックからラーマーヤナとマハーバーラタの内容を知ったという人々が多い。コミック作家のスダルタ（一九四五〜）、舞踊家サルドノ・クスモ（*Sardono Waluyo Kusumo* 一九四五〜）、文学者ウマル・カヤム（*Umar Kayam* 一九三二〜二〇〇二）をはじめとする多くの文化人たちがコサシのコミックの影響力について語っていることから、このコミックの影響力の強さを知ることができる。スハルト政権期の著名な民主化運動家であったマルシラム・シマンジュンタク（*Marsilam Simandjuntak* 一九四三〜）は、「コサシのコミックが家庭内での教育的な読み物であった」と述べている（Chudori 1991 : 44）。シマンジュンタクは他の作家（たとえばArdisoma）によって描かれたコミックに比べてコサシの画風は素朴で単純であることを認めつつも、マハーバーラタとラーマーヤナを完結させた作品としてはコサシのコミックが唯一のものであることを指摘する（Chudori 1991 : 44）。

シマンジュンタクの指摘するように、コサシが創り出したものは「叙事詩をコミックで読み通す」というスタイルであった。コサシのコミックはチュルガム *cergam*（cerita gambar 画像のついた物語、の略）とも呼ばれている。その名称が示すとおり、コミックの中のテクストには登場人物の台詞だけでなくいわゆる地語りに相当する説明文が多く見られ、それらがインドネシア語で書かれている。このコミックは画像による場面構成から物語の展開についての情報を提示しているだけでなく、インドネシア語のテクストによっても多くの情報を提示している。コサシのコミックが主眼としたのは、コミックを通して叙事詩の内容を伝えることであった。

コサシのコミックに見られる物語は、その筋立てや内容が特定の地域（たとえば中部ジャワ、西ジャワなど）におけるワヤンのラーマーヤナとマハーバーラタではなくて、インドにおける原典により近い内容だとされてきた。スンダ人文学者アイップ・ロシディ *Ajip Rosidi* によると、コサシが直接の土台とした物語は、R・メメッド *Memed Sastrahadiprawira* による『マハーバーラタ』*Mahabarata* とR・A・A・マルタナガラ *Martanagara* による『バタラ・ラマ』*Batara Rama* であり、どちらもスンダ語の詩ワワチャン *wawacan* の形式で書かれていた（Rosidi 2000：360）。ただしクドリによると、コサシがマハーバーラタを書くにあたって最初に依拠した文献は、バライ・プスタカ社出版によるバガヴァットギーターのインドネシア語訳であったとされており（Chudori 1991：66）、コサシ自身の言葉を引用してバライ・プスタカ社刊のマハーバーラタとラーマーヤナのインドネシア語訳を用いたことが言及されている（Chudori 1991：46）。だが二〇〇九年にコサシにインタビューを行った際には、コサシ自身もこの点についての記憶が曖昧で、明確な情報は得られなかった。またコミックの出版年代を考慮するとバライ・プスタカ出版の書籍を土台にしているかどうかは疑問でもある。たとえばコミックの『バラタユダ』はここでは一九七七～七八年に描かれた版を分析したが、これが初版であるかどうかはわからずそれ以前にも出されていた可能性はある。一方でバライ・プスタカ出版の『バラタユダ』は初版が一九七八年であり、この書物を土台にしてコミックを創作することは不可能であると考えられる。コサシは一九六〇年代から八〇年代にかけて契約した出版社などの変更によってコミックを何度かヴァージョンアップしてきた。したがって後年にこれらの書物を参考にした可能性はあるが、作品の土台となった書物についての詳細は不明である。

　コサシの依拠した物語については明白ではないが、いずれにしても特定の地域様式のヴァージョンのみに傾倒することなくラーマーヤナとマハーバーラタの内容を人々に知らしめたということは大きな影響力を持っていたと考えられる。

　第2章と第3章において述べたジャワ島のワヤンにおけるラーマーヤナとマハーバーラタの物語にはローカルなイディオムが多く、地方語や地方独自の思想体系を理解しない人々にとってはわかりに

6　第2章で述べたように、

くいという面がある。インドの叙事詩と登場人物設定が同じであっても、オリジナルには見られなかった独自の因果関係が付け加えられていることが多い。ジャワ島のワヤンのラーマーヤナにおいては、魔王ラーヴァナの魔物としての出生は両親の不義の結婚が原因として語られる[6]。またマハーバーラタの武将ガトートカチャ出生の物語の中では、大戦争バラタユダでの戦死がすでに予告される[7]。このような登場人物それぞれにまつわるさまざまな情報は、ジャワ人やスンダ人のみが共有している独特の内容であり、インドでの伝承には見られないばかりか多くのインドネシア人にも知られていない。これらのエピソードにおける複雑な因果関係をめぐる筋立ては、多くのインドネシア人には理解しにくいものである。またこれらのエピソードが含むジャワ神秘主義の思想や登場人物の因果関係にまつわる独特な思想は、ジャワ人やスンダ人という特定の民族を越えた読者を想定した場合には共有しがたいものであるだろう。コサシのコミックは、ワヤンに見られる錯綜したエピソードの積み重ねではなく叙事詩の大筋を多くのインドネシア人に伝えることを目指していた。彼のコミックの中ではこうしたワヤンの独特なエピソードは作品の主要なテーマとはなっていない。説明的に付け加えられる場合もあるが、ときとして採用されないこともある[8]。

5・5　登場人物の特徴

また登場人物設定もワヤンとは異なる点が見られる。特徴的な点は、ワヤンの中で従者を兼ねて登場する道化役者群を排除したことである。これらの道化役者群は、ジャワ島やバリ島のワヤンにおい

6 影絵と人形劇におけるラーヴァナ誕生のエピソードは、修行者ヴィシュラヴァがランカー国のスケシ王女に神秘主義の奥義を教えてしまった神罰として、ヴィシュラヴァとスケシの間に業欲の怪物ラーヴァナが誕生する、という内容になっている。

7 マハーバーラタにおけるガトートカチャ誕生のエピソードは、第3章でも記述した。誕生時に臍の緒を切ることができず、アルジュナは天界の神から臍の緒を切るためにコンタという剣を受け取りに向かう。途中でその剣は敵将カルナの手に渡り、アルジュナは戦いの末コンタの鞘だけを取り戻す。鞘で臍の緒を切ると、鞘はガトートカチャの臍に吸い込まれる。この出来事は、後のバラタユダの戦いにおいてガトートカチャがコンタを持つカルナに斃される運命を暗示する。

8 一例を挙げると、ラーマーヤナにおけるハヌマーン誕生のエピソードはワヤンにおいてもいくつかのヴァージョンがあるが、それらはコサシのコミックの中では採用されず、コサシによる新たなヴァージョンが作られている。

ては、観客を楽しませる存在であると同時に、人形遣いの代弁者として社会の批評を行い人々に生き方の指針を示す重要な登場人物群として位置づけられる。しかし一方で、地方語や地方独特の思想に根ざした表現を通して、地方の独自性を最も顕著に体現する存在でもある。コサシは、一部の作品を除いて、道化役者群を登場させていない。[9] クドリの報告によれば、コサシはこのことに関して「パナカワン（道化役者群）は、ジャワの宮廷詩人によって後世に付加されたものである。一方で私と出版社はバライ・プスタカ版のラーマーヤナとマハーバーラタを土台とすることで合意している」と述べている（Chudori 1991 : 46）。コサシはワヤン特有の登場人物群を排除して、叙事詩の全体像を伝えることを主眼としていた。コサシのコミックが全体を通してシリアスな物語の展開になっていることは、道化役者群が登場しないこととも関っているだろう。

このように、コサシは、限られた地域にのみ伝承されるエピソードや登場人物群を採用しないことによって、特定の地域様式に傾倒せず、より広い読者層に受け入れられる作品を生み出していった。

登場人物に関するもう一つの顕著な特徴は、ヒンドゥーの神々の位置づけに関するものである。すでに述べたように、イスラムの布教の手段として上演されたワヤンの中では、ヒンドゥーの神々の位置づけはこの世に混乱を引き起こす存在としてやや貶《おとし》められている傾向があった。しかしコサシは、コミックの中でそのような描き方を行わずインドの叙事詩の魅力をそのまま伝えることを心がけた。たとえばラーマーヤナの最後の戦いの場面では、魔王を倒す方法を瞑想で模索する主人公のラーマの身体からヒンドゥーの三大神の一人ヴィシュヌ神が浮遊する場面が描かれる。ヴィシュヌ神はそこである修行者と出会い、魔王を倒す方法を見つけるに至る。このように叙事詩の登場人物を神の転生として明確に描き、また戦いの勝利をもたらす存在として描いたことは、インドネシアの人々にインドの叙事詩の魅力を伝えることに貢献している（福岡 2009a : 121）。

9　パナカワンの登場人物は地域によって人数や名前が異なる。中部ジャワでは、スマル、ペトル、ガレン、バゴンの四人が登場し、通常は善の側の武将の従者を兼ねる。西ジャワではバゴンに代わってチェポットが登場する。バリ島では、トゥアレン、ウェルダ、デレム、サングトの四人が登場し、前二者は善の側、後二者は悪の側の従者とされている。パナカワンはコサシの作品にはほとんど登場しないが、マハーバーラタの中にパナカワンが登場する場面が見られる。また作品表には見られないが、漫画家のスダルタによると以前は『チェポットとウデル *Cepot dan Udel*』という西ジャワのパナカワンが登場するコミックがあったようだ（インタビュー：二〇〇八年七月八日）。

一方でコサシは「伝統的」なワヤンの上演の中では従順で貞淑なプロトタイプとして描かれていた女性の登場人物たちの描き方を変化させた。たとえばラーマーヤナに登場する魔王ラーヴァナの姪に相当する登場人物トリジャタは、コミックの中ではシーターを助ける行動的な女性として描かれ物語の最後では白猿の武将ハヌマーンと結ばれる（福岡 2011：265-267）。トリジャタはワヤンの中でも誘拐されたシーターのそばで彼女を励まし続ける人物として知られているが、コミックの中では自らラーマの無事を確かめに出かけたり、シーターが火の試練を受けた際にはともに火に飛び込んだりする行動的女性として描かれる。この事例は、「伝統的」な芸能ジャンルとされるワヤンの物語の中では変革させることが難しかった女性像をコサシが作品の中で大胆に変化させた一つの事例である。さらにここに登場するトリジャタとハヌマーンの恋愛関係は、オリジナルの物語の登場人物関係には見られない要素である。ジャワのワヤンにおいてトリジャタは年老いた猿ジュムバワンと結婚し、後続のマハーバーラタにおいてクリシュナーの妻となる娘を産む。しかしコサシのコミックの中ではこうしたラーマーヤナとマハーバーラタの登場人物間のつながりも変革されている。こうした大胆な改変をコサシが行った背景には、彼が好んでいた欧米のコミックの登場人物像の影響も見られるだろう。

5・6　コミックというメディアの特色

また、コサシのコミックにおいては画像という要素も重要であった。インドネシアを代表するコミック作家であるスダルタは、コサシのコミックから強い影響を受けたことを表明している（Chudori

1991 : 42)。スダルタは、ワヤンの中で見てきた登場人物たちの姿がコサシのコミックの中で具体的な姿や場面として描かれたことが印象に残っており、そうした具体的な視覚世界によって新たなファンタジーの世界が提示されたと述べている（Chudori 1991 : 61）。スダルタの指摘するとおり、ワヤンの上演を見ていた人々にとっては、ワヤンという表現形態の中で登場人物たちの織り成す世界は想像や空想の域にとどまる部分も多かった。伝統芸能の様式化された表現は想像の余地を多く残し、人々に空想を広げさせる力を持つことは事実である。その一方で、当時あらたに登場したコミックというメディアが、その写実的な描写のゆえに、より具象的な世界を人々の現前に提示して見せたという側面もある。スダルタは、コサシのコミックにおける場面構成の巧みさと、登場人物たちのバランスのとれた身体像の描写の完成度について高く評価する。場面構成に関しては、登場人物の顔の向き（横向きや斜め向き）の特徴や場面の切り方が人形劇の影響を受けているのではないかと指摘している。また登場人物たちの身体像の描写に関してはバランスのとれた身体像でありながら登場人物たちの風貌が東洋人として描かれていたことが当時のインドネシアの人々に受け入れられた要因として注目に値すると述べている（インタビュー：二〇〇八年七月八日）。

コミックというメディアの持つ力を効果的に用いている事例として『バガワト・ギタ（バガヴァット・ギーター）』を挙げることができる。マハーバーラタの中の有名なエピソードの一つであるバガヴァット・ギーターは、哲学的内容を含む十八の詩篇からなるものである。これは、親族同士の争いを始めようとするときに、敵方の親族・朋友を見て戦意を喪失する武将アルジュナに対してクレスナ（クリシュナー）が語った詩篇である。この詩篇の内容をインドの哲学を理解するという観点から考察する場合には、文学作品をじっくりと味わい、その言葉の一つひとつの意味を解明していく必要があるだろう。しかしコミックの中でこのような詩篇の内容を語りつくすのはやや困難である。また、語

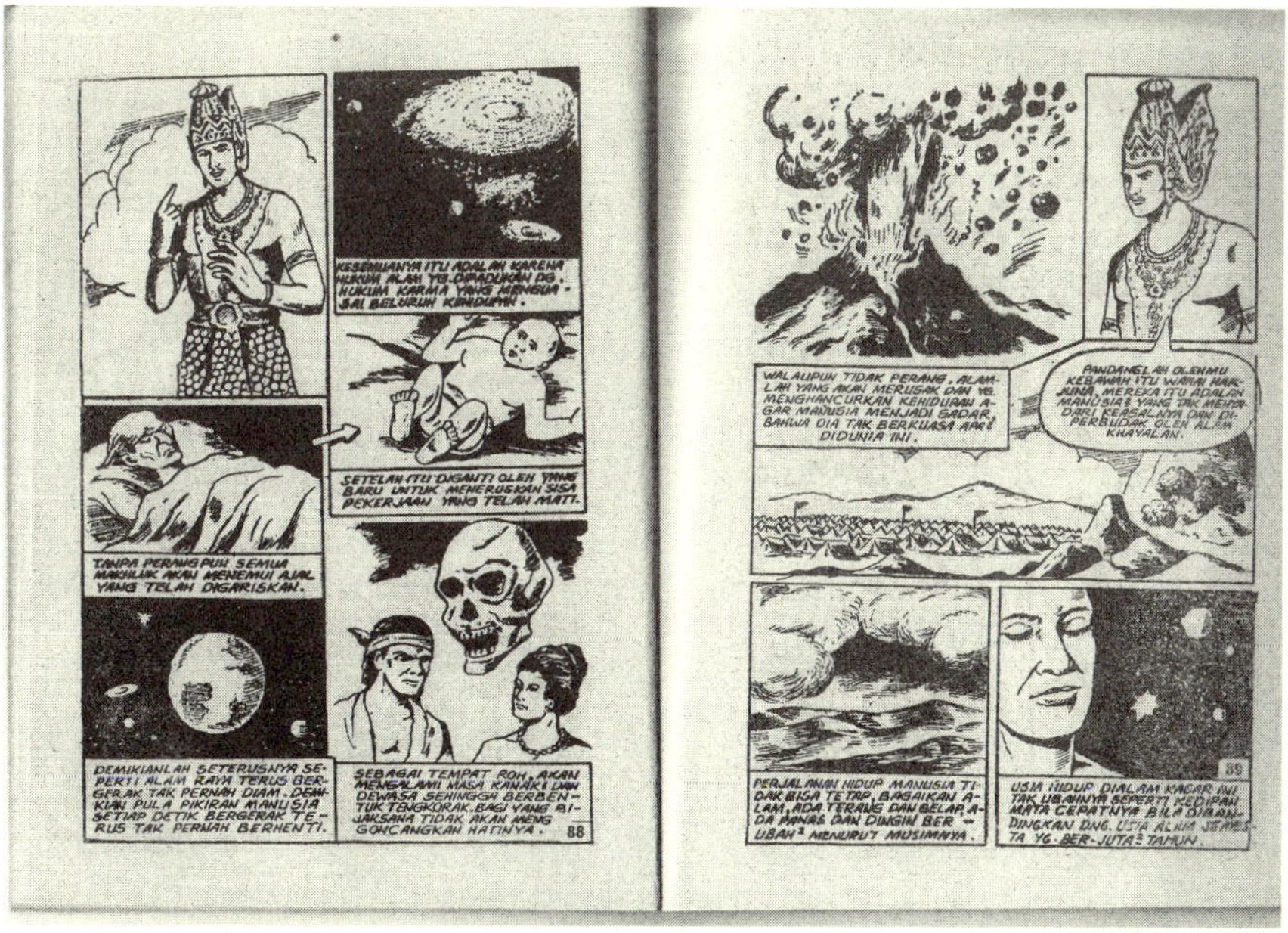

図1　『バラタユダ』より　バガワト・ギタの一部分　自然界の偉大なサイクルと人間の営みについてクレスナが説く（Kosasih 1978 : 88-89）　以下語りの日本語訳。左から右へ交互に進む。進行にしたがって番号を付した。

p.88 ①すべては自然界に存在し自然の法則と生を司るカルマによって支配されている

②戦いがなかったとしてもすべての生き物は定められた最後を迎えるのだ。

③そして後継者が取って代わり、死んだ者のやり残した仕事を続けていく。

④同様に自然界もとどまることなく変化し続け、人間の思考も常にとどまるところを知らない。

⑤霊の居場所としてこどもから大人になりそして骨になるまでの時間を経験する。賢明なものならばそれに心を揺さぶられることはないのだ。

p.89 ①人間たちの住んでいる世界を見つめるがよい。彼らは自らの起源を意識することなく自然の空想の奴隷となっている人々なのだ。

②戦いがなくても、自然こそが生を壊し破壊する。そして人間たちはこの世界で何の力もないことを悟るのである。

③人間の生はとどまることはできない。自然でさえ、明るいときと暗いとき、暑い季節も寒い季節もある。

④人間の肉体が生きる年齢は、何百万年もの自然界の年齢の前には瞬きの瞬間にも等しい。

りの内容に沿うような画像の描写も難しい。コサシ自身もバガヴァット・ギーターの部分を描写して、哲学的要素を読者に伝えることにはかなり苦労したようである（Chudoli 1991：45）。結果としてこの部分は、アルジュナとクレスナの簡略化された会話に終わり、クレスナの語りの内容を彩る画像は火や、木々を震わす雨と風などを自然の力の持つ怖さとして描いた。

ここでコサシは絵で語るメディアとしてのコミックの技法を最大限に活用する。具体的な画像を示しながら文章を簡略化して広い読者層にアピールするものを生み出せるということを、コサシのコミックは示している。二〇一二年の調査の際に『バガワト・ギタ』に関するインタビューを行った。これには土台としたインドネシア語訳の書物があったことがわかったが、その書誌情報は不明である（インタビュー：二〇一二年三月十五日）。前述のようにクドリはコサシが参照したのはバライ・プスタカ社刊行の書物であると述べているためその可能性も考えられる。書誌情報は不明であるが、この作品は書物を土台に創られた可能性が高い。書物を作品にするにあたってコサシは書物の中の重要だと思われる箇所に印をつけて抜粋し平易な言葉で語り直しそれに画像を加えて独自のヴァージョンを創ったと語っている（インタビュー：二〇一二年三月十五日）。

ワヤンの登場人物たちの世界をコミックというメディアによって紙面上に具現化してみせたという点でコサシの作品は当時大きな影響力を持っていた。インドネシアにおけるテレビの本格的な普及は一九七〇年代後半であり、コサシがコミックを描き始めた一九五〇年代から六〇年代という時代には、映像を含めて画像のメディアを人々が享受する機会はまだ限られていたと考えられる。[10] こうした時代背景の中でコサシの描いた安価なコミックは広く普及してその内容がインドネシアの人々に知られるようになった。コミックというメディアの台頭は手軽に享受できる視覚的なメディアの嚆矢として当時のインドネシアにおいて大きな影響力を持っていたと考えられる。

10 インドネシアにおける国営テレビ局TVRIの設立は一九六二年である。当時は、首都ジャカルタなどの限られた地域でしかテレビ放送を見ることはできなかった。一九七六年に国内通信衛星パラパが打ち上げられインドネシア全土にテレビ番組を送ることが可能となった。テレビの受信機は、七〇年代後半から急速に普及した（野中 1993：133；小池誠 1996：178）。

コサシはインドの叙事詩を土台としつつワヤンの物語も取り入れて、さらに独自の創作を多く盛り込むことで、人々を感動させる一筋の独特な物語を創り上げた。コサシの確立した物語は道徳的教訓を含む興味深い内容を持ち、インドの叙事詩あるいは影絵や人形劇に見られる登場人物たちの高潔な精神や生き方などの要素は、多くの人々の共感をかち得た。コサシのコミックによって古代インドの叙事詩に対する価値が高まるとともに、その内容が広く普及したことによって影絵と人形劇をはじめ、これらの叙事詩を土台とする上演芸術に造詣の深い観衆が多く育っていった。叙事詩の全体像をインドネシアの人々に広め、叙事詩に内包される道徳観や魅力を知らしめたことはコサシの重要な功績であるだろう。

5・7　叙事詩の普及

コサシのコミックは、画像による情報伝達という要素に加えてインドネシア語のテクストを多用して物語の全体像を時系列に沿って展開するという提示方法を持っている。このような物語の提示方法は、影絵や人形劇の中で「語られる」テクストあるいは「演じられる」テクストとは異なる物語の認識のあり方をもたらした。影絵や人形劇の中ではラーマーヤナの全体像は提示されず、一つひとつのエピソードが時系列上の順序とはかかわりなく提示されていくのに対して、コミックにおけるラーマーヤナは、始まりから終わりに至る一筋の物語という形でインドネシアの人々に「読まれる」テクストとして享受された。

コサシのコミックによってマハーバーラタとラーマーヤナの全体的な内容は広く社会に普及した。その一方で、コサシはジャワ島における有名な創作の演目もコミックにしている。第3章で取り上げた「デワ・ルチ」などがその例である。「デワ・ルチ」は、パーンダヴァ兄弟の二番目の武将であるビーマが生命の水を探す旅に出て、大蛇と死闘の末に内面の神に出会うという物語である。この内面の自己はワヤンの中ではビーマと同じ形の小型の人形として登場するが、コサシのコミックの中では小さなこどもとして登場する。

先に引用した『テンポ誌』の記事において漫画家スダルタが述べていたように、ワヤンの中で語られてきた不思議な出来事や想像の世界が、コミックというメディアによって具体的な形で提示されている。図に示した「バガヴァット・ギーター」や「デワ・ルチ」における教訓や語りは、実際のワヤンの中で演じられる格調高い語りとは一線を画し、より具象的で分かりやすいものになっている。その意味ではこれらの演目に見られる哲学的要素はやや弱まっているかもしれない。コサシは、こうした哲学的な演目をより庶民的なレベルに近づけて多くの人々が理解できるように提示したのである。

このように具象的な画像とリアルで人間的な登場人物たち、現代インドネシア語による語りと台詞のやり取りを通して、コサシの創ったラーマーヤナとマハーバーラタはインドネシアの人々に広く普及した。コミックが普及したことによって、インドネシアの人々の古代インド叙事詩に関する知識と情報量は格段に向上した。

この他にコサシは、インドの叙事詩以外の物語、たとえば、彼の出身地である西ジャワのサンクリアンの伝説（コラムを参照）や黒猿ルトゥン・カサルンの物語なども、コミックの題材としたようだ（インタビュー：二〇一二年三月十五日）。コサシのコミックを通して、インドネシアの人々が認識する叙事詩や物語の世界は確実に広がったと言えるだろう。

コラム6

西ジャワの伝説　サンクリアン

この物語は、西ジャワの州都バンドゥンの北部にあるタンクバン・プラフ山の起源を語る物語である。物語の内容は以下のとおりである。

昔、プリアンガンの王が狩の途中で雌豚に出会い、雌豚は女の子を産んだ。その子はダヤン・スンビと名づけられ王の娘として育てられる。美しい女性に成長したダヤン・スンビはある日、機織の途中で棹を落としてしまう。拾ってくれた女性を妹に男性なら夫にするとダヤン・スンビが言うと、それを愛犬トゥマンが拾ってしまう。ダヤン・スンビとトゥマンの間には男の子が誕生し、彼はサンクリアンと名づけられる。

ある日、サンクリアンは森へ狩に出かけて豚を射ようとする。しかしその豚はダヤン・スンビを産んだ雌豚であったためトゥマンはサンクリアンが豚を射るのを阻止しようとする。怒ったサンクリアンは自らの父親とは知らずにトゥマンを殺してしまう。それを知ったダヤン・スンビは怒り、息子を殴って追い出してしまう。

修行者に拾われて成長して立派な青年になったサンクリアンは、ある森の庵で美しい女性に会う。この女性こそダヤン・スンビであった。サンクリアンは女性に求婚するが、サンクリアンの身の上話を聞いたダヤン・スンビは、相手が自分の息子だと知り結婚を拒む。しかし、少しも齢をとっておらず美しいままのダヤン・スンビをサンクリアンは母だと信じずに、強く結婚を迫る。困ったダヤン・スンビは結婚の条件として、チタルム川をせきとめ湖を作り大きな船を作ること、そして夜明けのにわとりが鳴くまでにその作業を終えることを命ずる。

サンクリアンは呪文で怪物たちを呼び出し、助けを借りて森の木を切り湖を堰き止めて船を作る。サンクリアンが仕事を終えそうであると知ったダヤン・スンビはあわててにわとりを鳴かせる。逃げるダヤン・スンビを追いかけるサンクリアン。しかしダヤン・スンビは消えてしまう。無念のサンクリアンは船をひっくり返す。それが現在のタンクバン・プラフ山であるといわれている。

この物語は、西ジャワで広く知られている。ワヤンの題材となることはないが、詩として朗唱されたり歌になったり創作舞踊や演劇の題材としても用いられている。

コラム7
西ジャワのルトゥン・カサルン物語

この物語は西ジャワの古い物語として知られている。以下にアイップ・ロシディによる記述（Rosidi 2000 : 386-387）に基づき、あらすじを要約する。

天界の女神スナン・アンブは人々の幸せを願い人間界の様子を常に気をつけていた。あるとき、プルバタン・アヌギラン国で王女プルバ・ラランが末の妹プルバ・サリをなき者にしようと企んでいるのを知る。プルバ・サリはすでに亡き父王から王位の継承者と定められていたが、まだ年齢が達していなかったため姉であるプルバ・ラランが代理で国を治めていた。

スナン・アンブの息子であるグル・ミンダは一夜の夢の中で母親にそっくりの美しい女性に会う。グル・ミンダは、スナン・アンブの命により人間界へ降りてその女性を探すがその際に黒猿ルトゥン・カサルンに姿を変えられる。

ブアナ・パンチャトゥンガの森で、ルトゥン・カサルンはアキ・パニュンピットという老人と出会う。彼はプルバ・ラランの命によりある修行者の儀式の供物として猿を探していた。パニュンピットは、ルトゥン・カサルンを宮殿に連れていくが、ルトゥン・カサルンは儀礼の供物になるどころか暴れて宮殿の庭を壊してしまう。怒ったプルバ・ラランは森へ追放されているプルバ・サリのところへルトゥン・カサルンを連れていく。

プルバ・サリに出会ったルトゥン・カサルンは、彼女こそが夢で見た女性であると気づく。さまざまな困難やプルバ・ラランによる妨害などを経て二人は結ばれ、ルトゥン・カサルンはもとどおりのグル・ミンダの姿に戻りプルバ・サリとともに王国を継ぐ。

アイップ・ロシディによれば、この物語の舞台となっているプルバタン・アヌギラン国は、西ジャワに存在していた王国の中でも最も古い国とされている。研究者の中には、この物語はインドネシアへのインド人の到来と関連があるとする説もある。それによれば、黒い毛に覆われた猿は、スンダの地（現在の西ジャワ）に水稲耕作以前に陸稲耕作の文明をもたらしたインド人を象徴している、とされる。実際に、物語の中にはプルバ・サリの夢にスナン・アンブがでてきて畑の耕し方を詳細に教える部分がある（Rosidi 2000 : 387）。

この物語は西ジャワでパントゥン *pantun* と呼ばれる詩の朗唱のジャンルの中で最も神聖な物語とされている。現在ではトゥンバン・スンダ *tembang Sunda* という歌謡の中で歌われることも多い。またスンダ語の歌を伴う舞踊劇のジャンル、グンディン・カレスメン *gending karesmen* の中でも上演される。

第6章　附論

ジャワ島固有の物語

6・1　ジャワ島固有の物語とワヤン芸能との対応関係

これまで見てきたように、ワヤンの物語のレパートリーはインドの叙事詩ラーマーヤナとマハーバーラタが主流である。特にジャワ島のワヤンにおいてはマハーバーラタを土台とする創作のレパートリーが多く見られる。ラーマーヤナとマハーバーラタに加えて、ジャワ島には多くの物語群が存在する。この章ではインドの叙事詩以外のジャワ島由来の物語のレパートリーについて考察する。これらの物語はそれぞれ上演するワヤンのジャンルと対応している場合が多い。影絵と人形劇は主にラーマーヤナとマハーバーラタを演じるが、人形劇の種類によってはジャワ固有の英雄譚であるパンジ物語やダマル・ウラン物語をはじめ、アミル・ハムザ王の活躍を描くメナック物語やジャワの諸王国の歴史物語などを演じる場合もある。この場合の人形劇は、人形の頭頂部が平らな形態になっているため「平たい」という意味を持つパパック *papak* あるいはチュパック *cepak* という名称で呼ばれている。一方仮面劇では現在はパンジ物語を演じることが多い。さらに布に描かれた絵図の絵解きであるワヤン・ベベルにおいてもパンジ物語を演じることが多い。このようにさまざまな物語は多様なワヤン芸能の種類に対応している。

この表に見られるように、さまざまな形態のワヤンは上演する物語の種類がある程度決まっている。したがって物語の種類によってワヤンを分類することもできる。インドの叙事詩ラーマーヤナとマハーバーラタを演じるものをワヤン・プルワ *wayang purwa* と呼ぶことはすでに述べたが、その他には東部ジャワ起源の二大英雄譚であるパンジ物語とダマル・ウラン物語を演じるワヤン・ゲド

表1 ワヤンのジャンルと物語の対応表

ジャンル名	背景となる物語
ワヤン・クリット（影絵） ワヤン・ゴレック・プルワ（人形劇）	ラーマーヤナ、マハーバーラタ ラーマーヤナ、マハーバーラタ
ワヤン・ウォン（舞踊劇）	ラーマーヤナ、マハーバーラタ、
ワヤン・ベベル（絵解き） ワヤン・トペン（仮面劇）	ラーマーヤナ、マハーバーラタ➡パンジ物語 ラーマーヤナ、マハーバーラタ➡パンジ物語
ワヤン・ゴレック・チュパック（人形劇）	パンジ物語、ダマル・ウラン物語、メナック物語、ババッド（歴史物語）

表2　物語の種類によるワヤン芸能の分類

物語の種類	ワヤン芸能のジャンル名
ラーマーヤナ、マハーバーラタ	ワヤン・プルワ
メナック物語（アミル・ハムザ物語）	ワヤン・メナック
パンジ物語、ダマル・ウラン物語	ワヤン・ゲドッグ
ババッド（王国の歴史物語）	ワヤン・ババッド

ク *wayang gedok*、ジャワ史上の王やその一族にまつわる物語を演じるワヤン・マディオ *wayang madya*、ムハンマドの叔父アミル・ハムザ王の物語を演じるワヤン・メナック *wayang menak*、王国の年代記を演じるワヤン・ババッド *wayang babad* などがある（松本 1994：146-155）。**表2**に物語の種類によるワヤンの分類表を記す。

この他に影絵の独特なレパートリーの事例としては、魔除けの儀礼ルワタン *ruwatan* のために上演する特別な演目「ムルワカラ」や、稲作農耕儀礼に際して上演する稲の女神デウィ・スリに関する物語などがある。

以下にこれらの物語の中からいくつかの事例を挙げて内容の特徴を検討し、その物語を演じるワヤンの種類についても考察する。

6・2　パンジ物語

6・2・1　パンジ物語のあらすじ

パンジ物語は、東部ジャワの宮廷世界を舞台とする一連の物語群である。十五世紀頃の東部ジャワに起源を持ち、十六～十七世紀にはマレー、カンボジア及びバリに広まったとされる（松本 2011：112-113）。キドゥン kidung と呼ばれる、土着の韻律による中期ジャワ語で書かれた作品の形式による韻文作品（古代ジャワ語で書かれたカカウィン kakawin と対置される）の形式で書かれたとされている。

物語の背景となっているのは十一世紀のクディリ王国だとされるが、書かれた原典は存在せず一八〇一年のテクストが現存する最も古いものだとされる（松本 1994：146）。しかしパンジ物語と後述するダマル・ウラン物語を素材とするワヤンは一五八三年にパジャン王国初代国王スルタン・ハディウィジョヨ（在位一五四六～八六）の時代に作られたとされる（松本 1994：146）。

物語の大筋は、コリパン Koripan（ジェンガラ Jenggala）国のパンジ王子が彼の永遠の恋人であるクディリ Kediri（ダハ Daha）国王女チャンドラ・キラナを探し求めて幾多の戦いと身分の変化などを経て結ばれるまでを描く。この中にはパンジとチャンドラ・キラナが身分を偽装したり、近隣の国王と戦ったりする物語が挿入されている。

この物語は現在、ジャワ島の仮面劇の題材として広く流布している。影絵、人形劇においては主要な物語のレパートリーではないが、人形劇ワヤン・チュパックにおいては演じることもある。またバリ島ではアルジャ arja、ガンブー gambuh などの舞踊劇の題材となっている。物語には多くのヴァージョンが存在する。ロブソンは複数のヴァージョンを検討した結果、パンジ物語を次のような内容に集約している（Robson 1971 : 9 ; Soedarsono 1984 : 345-346）。

ジャワには四つの王国があり、四人の兄弟（三人の兄弟と一人の姉）がそれらの王国を治めていた。四人の王はそれぞれ、クリパン（クリン、ジェンガラ）国、ダハ（クディリ、マムナン）国、ガグラン国、シンガサリ国を治めていた。クリパンの王は、側室との間に一人の王子をもうけた。その王子はイヌ *Inu* という名で呼ばれていた。ダハ国の王の最初のこどもは大変美しい娘で、名前をガルー・チャンドラキラナ *Galuh Candrakirana* またはスカール・タジ *Sekar Taji* といった。イヌとチャンドラキラナはこどもの頃から両親の間で結婚する約束になっていた。ある日、イヌは友人たちと森へ狩に出かけそこで美しい娘に会い、恋に落ちる。王子は彼女を自分の妻として宮殿に連れ帰る。イヌの母親はそれを怒り、家来に命じてその娘を殺させる。絶望したイヌは放浪の旅に出て、その旅の途中で多くの王国を征服する。一方、失望したダハ国の王女チャンドラキラナも神々の手助けによるダハ国の宮殿を後にした。彼女の弟であるグヌン・サリ *Gunung Sari* 王子は、姉を探す旅に出る。多くの冒険の後、パンジはチャンドラキラナと出会い結ばれて、チャンドラキラナは彼の最初の恋人の別の姿であったことがわかる。二人は国へ帰り、クリパン国を治める。

大筋は同じであるが細部に相違がある事例として、以下にクレア・ホルトによる物語のあらすじを記す（Holt 1967 : 274-275）。

コリパン国のパンジ王子は失意の中にあった。彼の美しい婚約者であるクディリ国のチャンドラキラナ王女が結婚式の前夜に突然、姿を消してしまったからである。王子が悲しんでいると、そこへ一人の王女が現れて自分がチャンドラキラナだと言い、王子を慰めるが、外見はチャンドラキラナとは似ても似つかなかった。この王女は偽者であったが、死の女神であるドゥルガに魔法をかけられており、パンジ王子と結婚すれば自分はもとの姿に戻れると主張した。パンジ王子はそれを信じて結婚の準備を始める。一方、本当のチャンドラキラナは森の中をさまよっていた。彼女の嘆きは神々の耳に届き、彼女は男装をしてパンジ王子の宮殿に行くように忠告される。チャンドラキラナは男装をしてパンジ王子の宮殿に行く。そこでは、王子が偽者の王女と結婚の準備をして進めていた。チャンドラキラナは真実を書いた手紙を残して、去っていく。パンジ王子は真実を知って、チャンドラキラナを探す旅に出る。パンジ王子の放浪の旅は多くの冒険や戦いをともなう。森で苦行者とともに過ごしたり、別の宮殿で召使として働いたりもする。一方のチャンドラキラナは男装のまま、同じく冒険に満ちた旅を続ける。二人は戦いの場で再会する。戦いの場で相手がパンジ王子だということがわかり、二人はやっと結ばれる。

パンジ物語の中心的なテーマとなっているのは永遠の恋人であるチャンドラキラナを探すパンジ王子の放浪と冒険の旅である。ヒロインの名前であるチャンドラが月を意味することから、この物語は月と太陽を体現するものだとされることもある。主人公の二人が結婚に至るまでのさまざまな困難と冒険を行うプロセスはこの物語の重要な部分を成す。ジャワ演劇の研究の中でラッセルズは、物語の内容についてその意味を考察している。それによれば、主人公は最初から結婚が暗示されているにもかかわらず、互いに引き離されて幾多の困難な道を乗り越えなくてはならない。そこでは、病気、変身、苦行、闘いなどを経験する。苦痛に満ちたイニシエーションを経て初めて完全な人間同士となる。主人公たちは蘇生したり病気が治ったり、新しい名前を得て別の姿の存在になり、イニシエーションを終えた姿となって、近親相姦的な「結婚」を行い、国つまり二人が揃ってその祖先となる部族を設立する（ラッセルズ 1987：361-364）。このようなラッセルズの分析は、パンジ物語の内容にはよく当てはまっていると言えるだろう。変身や戦いを経て、最終的には主人公同士が結ばれるという大筋は、多くのヴァージョンに共通している。

6・2・2 ジャワ島の仮面劇 トペン

現在、ジャワ島ではパンジ物語を仮面劇の中で上演することが多い。ここではジャワ島の仮面劇トペンについて記述する。トペンという言葉は狭義には「仮面」を意味し、広義にはジャワ島・バリ島の仮面芸能を指す。[1] すでに第2章と第3章で述べたように、ラーマーヤナとマハーバーラタの場合には叙事詩の一部分が演目として上演され、それらの演目のレパートリーは膨大な数が存在する。一方、パンジ物語の場合には有名な演目として知られているものは少ない。現在、パンジ物語を題材とする有名な演目としてはパンジ王子の仮の姿であるジャカ・ブルワのエピソードが知られている。このエピソードは前述のような、変身や戦いを経験したのちに主人公同士が結ばれる、という部分のみを抽出した形になっている。以下にジャワ島北岸チルボンの仮面舞踊におけるジャカ・ブルワの物語を記す。

ジャカ・ブルワは滑稽な容姿の若者として登場する。彼は、クディリ国王女であるチャンドラ・キラナ（別名：スカール・タジ）へ求婚しに出かける。途中で、ブランバンガン国の魔王であるクラナ・アルノルがやはりチャンドラ・キラナとの結婚を願っていると知り、両者は戦いとなる。ジャカ・ブルワは戦いに勝って、クディリ国へ行き、チャンドラ・キラナに求婚するが、国王に取り合ってもらえない。

1　ジャワ島西部では、通常トペンとは仮面芸能を意味し、仮面そのものはクドック *kedok* と呼ぶ。

そこへ、天界の神がジャカ・ブルワに不思議な力を持つプスウィタサリという名の花を授けると、ジャカ・ブルワは本来の姿であるパンジ王子の姿になり、チャンドラ・キラナと結ばれる。

物語の大筋は以上のとおりだが、途中や最後の部分にはいくつかのヴァリエーションがある。ジャワ島中部の仮面劇、ワヤン・トペンでは、仮面をつけた踊り手が登場するが、仮面は口にくわえてつけるものであるため、踊り手はセリフを語るときに仮面を口からはずして、台詞を語る。ナレーションは、語り手であるダランが担当する。伴奏には、ガムランと呼ばれる金属製の打楽器を中心としたアンサンブルを使用する。ジャワ島中部の仮面劇でも先に述べたジャカ・ブルワの物語を上演する。一九九五年に中部ジャワ州クラテン県で行われた「ジャカ・ブルワの結婚 *Jaka Bluwo Rabi*」のあらすじを以下に記す。

ジャカ・ブルワは道化の仮面をつけた滑稽な容姿の若者として登場する。彼はいつも冗談や面白い話をしては、両親や周りの人を笑わせる。ある日、彼はクディリ国王女チャンドラキラナの噂を耳にし、求婚するための旅に出かける。両親に別れを告げ旅立ったジャカ・ブルワは、途中のブランバンガン国で国王クラナ・アルノルと出会う。クラナ・アルノルもチャンドラ・キラナとの結婚を望んでいると知り、両者は戦いになる。ジャカ・ブルワはクラナを倒しクディリ国の宮殿へ行きチャンドラ・キラナに求婚する。クディリ国王はジャカ・ブルワの姿を見て求婚に承知しない。そこへ天界のナラダ神が現れ、ロカナンタ *Lokananta* という伝説のガムランを授ける。ロカナンタの調べによりもとの姿に戻ったパンジ王子はめでたくチャンドラ・キラナと結ばれる。

この上演のみどころは、ジャカ・ブルワの道化役者のような演技が観客を楽しませること、また伝説のガムラン「ロカナンタ」の調べを表わす楽曲を実際のガムランが美しく奏でることである。また悪役の代表格として位置づけられるクラナ・アルノルの勇壮な舞踊はこの上演のクライマックスであり、男性の「荒々しい」踊りの技が披露される。物語の筋はほぼ先にあげたチルボンのものと共通している。

ジャワ島北岸のチルボンでは、仮面芸能の中でジャカ・ブルワとは異なるエピソードを演じることがある。チルボンでは通常、仮面芸能の上演は二種類に分けられる。一つはパンジ物語の筋に沿って上演を行う形態であるが、これは現在ではあまり見られない。踊り手たちの話によれば以前はこの上演形態でジャカ・ブルワの物語を演じることが多かった。内容はすでに記述したとおりである。一方もう一つの上演形態は特徴的な仮面を五個から六個付け替えて踊り手が踊る形態で、パンジ物語の筋に沿った上演は行わない形態である。[2] ただし、地域によっては部分的にパンジ物語の筋が挿入される。チルボン県クラングナン郡の上演ヴァージョンでは、トゥムングン・マガンディラジャとジンガ・アノムの戦いという場面が、仮面舞踊の合間に挿入される。この戦いの場面の内容は以下のように要約される。

> ジンガ・アノム（道化役者が扮する）はジョンジョラ国を治めているが、ジョンジョラはバワルナ国の属国である。ジンガ・アノムがバワルナ国王への貢物を献上しないため、バワルナの宰相トゥムングン・マガンディラジャ（仮面舞踊手が扮する）が忠告にやってくる。両者は戦いとなり、ジンガ・アノムが敗れる。

ここで用いるジンガ・アノムの仮面は道化の仮面でありジンガ・アノムに扮するのも道化役者であ

2 このような上演形態の仮面舞踊を、チルボンではトペン・ババカン *topeng babakan* と呼ぶ。これは、幕 *babak* に由来し一つずつの仮面を順番に（一幕ずつ）演じていくという意味を持つ。

チルボンの仮面舞踊　トゥムングンとジンガ・アノムの戦い

る。[3]上記の一場面は仮面舞踊の上演の中で部分的に挿入されるのみで、上演のその他の部分にはパンジ物語の大筋に相当するような物語の上演は見られない。現在チルボンの仮面舞踊は仮面の表わす「性格」の表現に重きが置かれており、このトゥムングンとジンガ・アノムの戦いの部分において断片的な物語の上演が見られる。

6・2・3　人形劇ワヤン・ゴレック・チュパックにおけるパンジ物語

パンジ物語は仮面劇の中で上演されることが多いが、ワヤン・ゴレック・チュパックと呼ばれる人形劇の中でも上演することがある。「チュパック」は平らを意味し、この人形劇に用いる人形の頭部は平たい独特の形をしている。

以下に西ジャワのインドラマユ県の人形劇ワヤン・ゴレック・チュパックにおけるパンジ物語の上演ヴァージョンを記す。この上演は、一九九五年にジャワ島・インドラマユ県のグループが来日公演を行ったときの記録である。人形遣いはインドラマユ県在住のワルサッドである（松本 2011：123-125、現代人形劇センター主催の公演パンフレットも参照）。

3　この上演では、両者の台詞も演じられる。道化役者が扮するジンガ・アノムの台詞は道化役者自身が語る。踊り手が扮するトゥムングンの台詞は、別に語り手が担当する。

第一場　ジュンガラ国王宮

ジュンガラ王宮の宮廷は大問題を抱えていた。国王ルンブ・アミルフルには二十五人の王子がいるが、長男のパンジ・イヌ・クルタパティが父王の決めたクディリ国の王女スカルタジとの縁談を嫌がって失踪する。パンジ王子は父が縁談の邪魔になる恋人アングレニを殺して川に流したのを悲しんで、その亡骸を追って旅に出た。

宮廷はこの問題に頭を悩ませ、国王と大臣、そして二十五番目の王子が評議を行っている。そこへクディリ国から王子グヌン・サリが使者にやってくる。そして王女スカルタジが急遽ブランバンガン国王メナ・アルノルと結婚することになったと告げる。しかしこれもクディリ国がブランバンガン国に敗れた代償としてのやむない仕儀と知って、ジュンガラ国王は王子たちと大臣を祝福の礼をとるためクディリ国へと向かわせる。

第二場　クディリ国への道中

クディリ国へ向かう一行の中には二十二番目の王子パンジ・ガガ・プルナラがいた。そこへ彼のふたりの妻が、好色な夫を旅立たせるのが心配で追いかけてくる。しかし夫に邪険に追い払われる。やむなく二人の妻は男装をして密かに夫の跡を追う。

第三場　海岸

一方、失踪したパンジ王子は、とある海岸で恋人アングレニの亡骸を見失った上、突然醜い姿に変身、名もジャカ・ブルワと変わっている。しかし彼は父王がアングレニの霊魂は王女スカルタジと一体になるだろうと告げたのを思い出し王女スカルタジへの求婚を決意する。

第四場　クディリ国・王宮

国王ルンブ・アミジャヤのもとへジュンガラ国の一行が到着する。そこへジャカ・ブルワが登場し身分を隠してスカルタジに求婚する。クディリ国王は、ブランバンガン国王メナ・アルノルをうち負かしたら願いを叶えようと約束する。

第五場　クディリ国・宮廷の台所

花婿ブランバンガン国王メナ・アルノルの妹タンバン・ティナンクルが、兄の食事の世話係りとして忙しく働いている。実は彼女は魔女であり、その姿は醜いが、これぞと思う男には自分を美女に見せることができる魔力を持っていた。そして好色な二十二番目の王子がこの魔女の毒牙にかかる。

第六場　ブランバンガン国

スカルタジとの結婚を目前にして有頂天になっているブランバンガン国王のもとへジャカ・ブルワがやってきて戦いを挑み、激しい戦闘の末に国王とその軍隊を敗退させる。

第七場　クディリ国・場外

二十二番目の王子パンジ・ガガ・プルナラは魔女タンバン・ティナンクルとの愛にふけっているが、やがて魔法がとけ、正体を現した魔女のもとを逃げ出す。途中で男装した二人の妻にそれとは知らずに助けを求めるが、逆にこらしめられる。さらに逃げ続けるとジャカ・ブルワに出会う。ジャカ・ブルワは弟のために再びブランバンガン国王とその軍隊と戦い、勝利する。また男装の妻たちは女の姿に戻る。

第八場　クディリ国・王宮

ジャカ・ブルワは弟を助けた代償に耳飾りを譲り受け、それを身につけると輝くばかりに美しいパンジ王子の姿に戻る。そして晴れて王女スカルタジとの結婚式がとり行われる。

この人形劇の中には、ジャカ・ブルワはかつてなくした耳飾りを取り戻しその力のおかげでもとの姿に戻るという場面が見られる。最初の部分で語られている、パンジ王子の恋人アングレニを父王が殺してしまうこと、そしてさらにスカルタジとアングレニが一体となること、などは一見したところ受け入れ難い物語の展開である。しかしこれはラッセルズが分析したように、ヒロインが別の姿の新しい存在になることの一つのやり方であるととらえることもできる。前述のクレア・ホルトの記述にはスカルタジとアングレニの同一化は見られないが、ロブソンによるヴァージョンには同様の部分が存在する。ジャワの芸能や踊りの中ではアングレニを描いたものも多く見られる。

パンジ物語にはいくつかのヴァリエーションはあるが、いずれもパンジ王子とチャンドラ・キラナ（スカール・タジ）が幾多の変身や冒険を乗り越えて結ばれる、という大筋を共有する。パンジ王子の変身の物語の中ではジャカ・ブルワのエピソードが現在最もよく知られており仮面劇は多くの場合ジャカ・ブルワのエピソードを演じる。このように上演されるエピソードが限られていることは、古代インドの叙事詩ラーマーヤナとマハーバーラタに基づく演目が膨大なレパートリーを形成していることとは対照的であるだろう。パンジ物語の演目はレパートリーの数も少なく上演の機会も限られている。

6・3　ダマル・ウラン物語と人形劇

ダマル・ウラン物語はパンジ物語と並ぶジャワ島独自の英雄譚である。パンジ物語が十一世紀ごろのジャワの古代王朝であったクディリ王国を舞台としているのに対して、ダマル・ウラン物語は十四～十五世紀のマジャパイト王国を舞台としている。ダマル・ウラン物語は一七四八年のテクストが現存する最古のテクストであるが、原典はそれより数世紀はさかのぼるとされている（松本 1994 : 146）。以下に、西ジャワ州バンドゥン在住のダラン、オトン・ラスタ氏による一九九〇年の上演からダマル・ウラン物語のあらすじを記す[4]。

舞台はマジャパヒト王国。王女クンチャナ・ウングはブランバンガン国の魔王クラナ・メナック・ジンガの求婚を退けたため、王国を攻められる。女王は、夢の中でダマル・ウランの名を告げられる。ダマル・ウランは叔父でありマジャパヒトの大臣であるログンデルによって宮中の馬小屋番となるが、大臣の息子たちに憎まれ、一方、大臣の娘アンジャスマラに慕われている。

クンチャナ・ウングは、ダマル・ウランにメナック・ジンガを倒すよう要請する。ダマル・ウランはメナック・ジンガに戦いを挑むが一回目の戦いでは敗れてしまう。メナック・ジンガはウェシ・クニン（金色の鉄棒）という特別な武器を持っており、この武器がある限りダマル・ウランはメナック・ジンガに勝つことはできない。そこでダマル・ウランはメナック・ジンガの妻の協力を得て彼が寝ている間にこの不思議な武器を手に入れる。二回目の戦いはウェシ・クニンを手にしたダマル・ウランの勝利となる。

4　ワヤン・ゴレック・チュパックは、通常は、西ジャワのチルボン周辺に伝承されており、州都であるバンドゥン周辺は、古代インドの叙事詩マハーバーラタとラーマーヤナを演じるワヤン・ゴレック・プルワが主流である。オトン・ラスタ氏は、チルボン出身の人形遣いで、バンドゥン在住であるが、ワヤン・チュパックの伝承者である。

彼はマジャパヒトへ帰り、クンチャナ・ウングと結婚してマジャパイトの王となる。（写真　：ワヤン・チュパックの一場面）

この物語にもいくつかのヴァリエーションが見られる。上記の上演には登場しなかったが、ログンデルの娘であるアンジャスマラが登場するヴァージョンも見られる。ダマル・ウランが馬小屋番をさせられていたとき、アンジャスマラはダマル・ウランを助け二人は恋に落ちる。物語の結末でダマル・ウランがクンチャナ・ウングと結婚するときには、アンジャスマラが側室になるというヴァージョンもある。またメナック・ジンガを倒したダマル・ウランをログンデルの二人の息子たちが殺してしまい、ダマル・ウランは神によって蘇生させられるというヴァージョンも見られる。

チルボンのワヤン・チュパック　ダマル・ウランとメナック・ジンガの戦い

先に述べたパンジ物語とダマル・ウラン物語のようにジャワの王国を舞台とする英雄譚を題材としたワヤンを作った背景には、イスラム神秘主義をジャワ島に布教したイスラム九聖人（ワリ・サンガ）がインド伝来の物語であるラーマーヤナやマハーバーラタではなく、ジャワ固有の物語を芸能の素材として組み入れようとした結果であるともいわれている（松本 1994：147）。

ダマル・ウラン物語の現存する最古のテクストが十八世紀のものであることからも、これらのジャワ島独自の英雄譚は、古代インドの叙事詩がジャワに根付いたプロセスに比較すれば歴史的に新しく、上演されるワヤンの種類も上演する演目のレパートリーも限られている。

6・4　バタラ・カラの物語と影絵、人形劇

以下に取り上げるバタラ・カラの物語は、ジャワ固有の厄除けの物語として知られている。この物語は、ルワタン *ruwatan* と呼ばれる厄除け儀礼[5]を行うときに演じる特別な演目である。同時にこの物語は、ルワタン儀礼の由来を説明するものでもある。この演目をジャワ島では「ムルワカラ」と言う。以下に松本の研究（松本 1982：65-106）に依拠しつつ物語の大筋を記す。

物語は天界を騒がすある出来事から始まる。天界の最高神であるバタラ・グルは不安な気配を感じる。地上では、ルンブ・アンディニという一頭の牛が神秘思想を獣や人間たちに広めている。これがバタラ・グルの感じる不安の原因であった。バタラ・グルは地上に降り、ルンブ・アンディニと対峙する。さまざまな問答の末、ルンブ・アンディニはバタラ・カラの力に屈服する。ルンブ・アンディニの背に乗り、妻のデウィ・ウモと宇宙の旅に出かけた際に、バタラ・グルは邪霊のしわざで欲情した結果、誤って海上に一滴の精液 *komo salah*（「あやまちの精液」の意）を落とす。これが成長したものが怪物バタラ・カラである。天界の神の息子でありながら、バタラ・カラは人間を食べる怪物となる。バタラ・カラは父親から人間を

5　ルワタンの語源は、ruwat（「悪いものから解放する」）の意）であると考えられる。

食べる許しを得るが、その際にさまざまな条件を言い渡される。そこでは、一人っ子、二人姉妹、二人兄弟、男ばかりの五人兄弟など、バタラ・カラの餌食となり得る対象が示される。また、手にした武器で人間を殺してから食べること、その人間が魔除けの影絵の上演をすでに済ませていたら食べてはいけないこと、などのさまざまな条件も含まれていた。バタラ・カラは空腹をかかえて、人間界をさまよい歩き、そこである影絵の上演の場に登場する。現れたバタラ・カラを恐れて見物人がいなくなり、バタラ・カラは代償として自分の武器を人形遣いに渡して、上演の続行を要請する。後に、バタラ・カラは罠にはまったことを知って腹を立てるが、最終的には人形遣いの偉大な力に屈服し、恐ろしい力を消し去るという結末になる（松本 1982：65-106）。

またラッセルズによって記述されているムルワカラはいくつかの部分でやや異なる。以下にラッセルズの研究成果（ラッセルズ 1987：410-428）に基づき、別のヴァージョンを記す。

天界のバタラ・グルは、不穏な気配を感じる。その原因は、地上で、デウィ・トゥロゴという女性が海の真ん中で激しい苦行をしているためであった。バタラ・グルはナラダ神を伴い、ルンブ・アンディニの背に乗り、地上へ赴く。そこで、長い髪が唯一の衣服であるその姫をみると、グルは彼女を妻にすることを切望する。しかし、デウィ・トゥロゴは拒絶し、逃げ出してしまう。この結果、グルの精液 *komo salah*（「あやまちの精液」の意）からバタラ・カラが生まれる。バタラ・カラが食べ物を要求すると、グルはウォン・スクルトを彼の食べ物と定める。グルは、バタラ・カラの体中に呪文を記す。これらの呪文を読むことができるものはバタラ・カラがウォン・スクルトを餌食にすることを妨げることができる。バタラ・カラは二人のこどもを見つけて追いかける。グルは、ダラン（人形遣い）となり、神々は演奏者やワヤンの舞台の台（バナナの幹）や幕やランプなどに姿を変える。そしてバタラ・カラに追いかけられている二人のこどもたちのルワタン儀礼のためのワヤンを上演する。途中で二人の泥棒が入ったという報告があり、泥棒たちが捕らえられ、一人は打ち首になり、残りの二人はダランの保護を求める、という部分が挿入される。

バタラ・カラから逃げてきた二人のこどもたちは、ガムランの楽器の間に隠れる。追いかけてきたバタラ・カラに、ダランはこどもたちを見たことはないと主張して、上演を続ける。バタラ・カラが上演に見入ると、そこで不意にダランが大声で、バタラ・カラの体に書き付けられている呪文を読み上げる。この呪文を耳にしたバタラ・カラは体全体が焼かれているように感じ、耐えられなくなって空に飛び去る。こうしてこどもたちは救われる（ラッセルズ 1987：410-428）。

この物語の中で、バタラ・カラが父親であるバタラ・グルから示されるさまざまな条件となる人たちがルワタンを行って魔除けをする必要がある人々ということになる。ジャワではこの儀礼の対象となる人々をウォン・スクルト *wong sukerta* と言う。このウォン・スクルトの範疇に含まれる人々の定義は、一致した見解が存在せず、さまざまな説がある（cf. 中島 1993：179-186）。通常、五人以下の兄弟であればほぼ全員がこのルワタンの対象人物となり得る、とされている。また兄弟構成のみならず、ジャワの日常世界におけるさまざまな禁忌を犯した者も対象となり得る。たとえば、火にかかった米釜をひっくり返したもの、石のすり鉢やすりこぎを壊したもの、などが言及されることもある。上演ヴァージョンによっては、バタラ・カラが餌食となるこどもを追跡中に出会う人々（米の調理器具をひっくり返した人物、夕刻に夫の帰りを待って四つ辻にしゃがんだ女性、など）を呪うことが言及され、それによってジャワの人々にとっての禁忌が示される場合もある。

ルワタンの上演には多くのタブーがともない、上演を行う人形遣いはルワタン儀礼の執行者としての役割を持つ。したがってルワタンを行う人形遣いは特別な力を持つ人とされており、その家系も重視される。第1章で述べたように、上演によっては人形遣い自身がバタラ・カラに対して自らの系譜を語る、という場合もある。またルワタンの上演を依頼する側の家族も大掛かりな供物を用意するなど、上演が無事に済むように最大限の注意をはらう。この演目の上演中、魔除けをしてもらう対象となる人物は人形遣いの上演を観るが、その際に眠ってしまってはいけないとされている。したがって、ルワタンの上演は昼間に行われることが多い。魔除けを依頼した人物は白い布をまとい上演を観て、その後人形遣いから聖水を受けたり髪の毛を切ってもらったりすることもある。

「ムルワカラ」の演目は、魔除けのために上演されるもので、割礼や結婚などの儀礼や稲作農耕儀礼のためには上演されない。「ムルワカラ」が上演される機会は、ルワタン儀礼に限られる。ジャワ島にこのような特別な儀礼があり、そのためのワヤン上演があることは非常に興味深い。そして、「ムルワカラ」の演目自体がルワタン儀礼の由来を説明するものになっていることも独特な点である。このエピソードに独特な点は、天界の最高神の欲望や過ちによって人間界に恐れをもたらす怪物が生み出されたことであるだろう。こうした魔除けの演目が存在することからも、ワヤンがジャワの人々の生活や思想に深く浸透していることが示されるだろう。

6・5　稲の起源神話

稲作農耕の発展したジャワ島では、稲の起源神話が多く見られる。以下に稲の女神であるデウィ・スリにかかわる物語の事例を考察する。デウィ・スリの物語には多くの伝承があり、異なるヴァージョンも多く見られる。ラッセルズによるジャワ演劇に関する研究（ラッセルズ 1987：369-394）においてこの物語が言及されている。その大筋は以下のとおりである。

蛇の神であるオントボゴの胎内から出てきた小箱から、ケン・ティスナワティという少女が現れる。成長したティスナワティをバタラ・グルが妻にしようとすると、ティスナワティは拒絶し、死んでしまう。彼女の遺体を埋めると、頭からココヤシ、陰部から稲、手の平からバナナ、歯からトウモロコシが生える。一方、デウィ・スリを追う怪物コログラマンは、豚の姿になり、スリを追いかけ続ける。デウィ・スリがティスナワティと一体になると、コログラマンはなおも追いかけてきて田畑を荒らす。ウィスヌ（ヴィシュヌ）が矢で射ると、コログラマンの血から稲を襲うあらゆる害虫と疫病が発生する。

また、ラッセルズの報告している「スリ・スダナ」の物語は、以下のようにまとめられる。

ムンダンカムリアン国の王子であるスダナは、姉デウィ・スリが自分に惹かれているため結婚できないと考えて、失踪する。一方、ムンダンクムウン国の怪物コロダルがデウィ・スリに求婚するが、デウィ・

スリは弟のような人でなければ結婚しないと言って、拒否し、王国を追放される。コロダルはデウィ・スリを追いかける。逃亡中に、デウィ・スリは農家に現れ、家をきれいに掃除するように助言を行ったりする。

一方、失踪したスダナ王子は、ムンダンアグンの森の中にいると、そこに姉のデウィ・スリがやってくる。スダナは姉のデウィ・スリの指示によって新しい国土において農耕を続けるために、稲やその他の作物の種をムンダンゴウォンのブユット・ソンドンからもらってくる。ムンダンクムウンの軍隊が彼らの新しい国を攻めようとする。そこに天界の神が助けにやってくる。スリとスダナは、互いに惹かれているが、神に結婚を命じられると互いに拒絶する。そこで天界のナラダ神によって、スダナ王子は反対側の岸に移される（ラッセルズ 1987：369-387）。

ラッセルズは先にパンジ物語について述べたように、イニシエーションを経た主人公同士が結ばれるという特徴と同じ特徴をこのスリ・スダナにも見出している。スリとスダナは物語の中でお互いを拒否するが、両者ともが相手と同じ姿の人とのみ結ばれることを望んでいる。物語のヴァージョンによっては、デウィ・スリがヴィシュヌ神（ヴィシュヌの化身であるスダナ）と夫婦として登場するという場合もあり、両者は結果的に結ばれるのだとラッセルズは指摘する（ラッセルズ 1987：387）。ジャワ島には男女の双子が誕生すると互いに引き離して育て大人になると結婚させるという習慣があったと言われている。ジャワの人々はこの話をするときに「スリ・スダナ」の物語を引き合いに出すことが多い。デウィ・スリに関する物語は農耕の起源を語る神話であるが、「スリ・スダナ」の演目にはラッセルズが指摘するようなジャワ演劇の特徴が見出されると言えるだろう。

稲の起源に基づくこれらの物語はジャワの稲作農耕儀礼の中でワヤンの重要な演目として現在で

も演じられる。ワヤン研究者のジャヤスブラタによると、収穫後の儀礼ブルシ・デサ *bersih desa*（村を清める、の意）においてはデウィ・スリに関するいくつかの演目が演じられる。それらは、デウィ・スリがさまざまな作物に姿を変えるエピソード「ミククバン *Mikukuban*」、デウィ・スリが害虫を作物から追い払うエピソード「スリ・マハプングン *Sri Mahapunggung*」、デウィ・スリが神々の棲家へ帰っていくエピソード「スリ・マントゥック *Sri Mantuk*」である（Djajasoebrata 1999 : 30-31）。

ここでは事例としてジャワ島西部・チルボンにおける稲作農耕儀礼について記述する。チルボンの水稲耕作のサイクルは、雨季の始まる十一月から十二月に植え付けを行い、四月から五月に収穫するのが基本的なパターンとなる。灌漑水が得られる場合には、それに加えて、四月から五月に二回目の植え付けを行い、八月から九月に二回目の収穫がある。一回目の収穫がある四月あるいは五月頃から植え付けの行われる十一月から十二月までの期間は、農耕儀礼が頻繁に行われる期間である。通常、個人が主催する儀礼も、稲の収穫後の経済的に潤沢になった時期に行うことが多い。こうしたサイクルにかかわる農耕儀礼には以下のようなものがある。

マパッグ・スリ *mapag sri*

この儀礼は四月から五月にかけての収穫期に行う。儀礼の中心となるのは、収穫した稲を村人たちが運ぶ行列である。村の集会場に運ばれた稲は、束ねて人間に見立てられ、衣装と仮面で装飾される。この儀礼では、影絵を上演する。上演は村の聖なる墓地で行い、昼間の上演ではスクリーンを用いない（影を映し出さない）。演目は「スリ・スダナ」とされている。

スデカ・ブミ *sedekah bumi*（ミデル・タナ *mider tanah*）

十一月から十二月の田植えに先立って行われる。村の男性たちが村の水田を歩く儀礼（ミデル・タナ）を行い、その後、村の広場でスデカ・ブミが行われる。この儀礼では「ブミ・ロカ」という演目を上演するとされている。[6]

ムラン・タンバ *mulang tambah*

田植えの二ヵ月後に行う。この時期の稲は「妊娠中」とされ、稲に聖水をまくことが儀礼の重要な一部となる。ワヤンの演目は「ジャカ・ブドゥック」といわれている。

カシノマン *kasinoman*

田植えに先立って村の若い男女が行列をする儀礼。十一月から十二月頃に行われる。チルボンでは、この儀礼の際には仮面舞踊を上演する。

農耕儀礼に際しては影絵をはじめとする芸能が上演され、儀礼の種類によっては上演する演目が決まっていることもある。チルボンでのインタビュー調査によると、上記のムラン・タンバという儀礼における「ジャカ・ブドゥック」は醜い姿の若者として登場する。この若者の体から出てくるものはすべて稲の女神デウィ・スリの食べ物となり、物語の終わりにはジャカ・ブドゥックはブドゥック・スダナという立派な若者に姿を変える、という内容になっている。この物語は、スリ・スダナの物語と類似している。

チルボンの農耕儀礼において影絵はスクリーンを用いずに昼間に行う。すでに述べたように演目は儀礼の種類によって定められている場合が多い。そして夜には通常、人形遣い自身の創作などの影絵（マハーバーラタに基づくものが多い）が上演される。

6　ミデル・タナの儀礼にはさまざまな決まりやタブーがある。行列をする男性たちは終始無言でなくてはならない。途中で水の流れなどにぶつかったときには、またがずに水に足を踏み入れなくてはならない、列が途切れてはならない（列が途切れるとそこから稲を荒らす害虫などが入るとされているため）などである。

6・6　土地の由来を語る物語

先にあげたパンジ物語とダマル・ウラン物語の他に、ワヤン・ゴレック・チュパックでは、メナック物語やババッドと呼ばれる王国の歴史物語を上演する。メナック物語は、八〜九世紀のペルシアの文学書とされる『アミル・ハムザ物語』に由来する物語群である。アミル・ハムザの物語はマレーシアへ伝わり、その後ジャワに伝わりスラカルタの宮廷文学者ヨソディプロ（一七二九〜一八〇一）によって韻文詩として完成された。その後、『メナックの書』として二十四巻四十六冊で刊行された（松本 1994：150-154）。ムハンマドの叔父とされるアミル・ハムザ王（別名ジャエンラナ）に関する物語群である。バババッドは王国の歴史を語る物語群で、中部ジャワではデマク王国（一四七八〜一五二八）、パジャン王国（一五二八〜七五）、マタラム王国（一五七五〜一九四五）時代の王朝物語を指す（松本 1994：154）。この他にも松本によれば、ジャワの南海を支配する精霊女王ニャイ・ロロ・キドゥルの物語やイスラム神秘主義の布教を行った聖人の一人スナン・カリジャガの物語などもある。

ここでは、土地の起源神話の一つの事例としてローカルなエピソードを取り上げる。ジャワ島チルボンにイスラム聖人の一人であるグヌン・ジャティの聖者廟アスタナ・グヌン・ジャティ[7]がある。その聖者廟の南側を流れるボンデット河の由来を語る「ブミ・チュランチャン」と題する演目の内容である。上演は人形遣いマルタによって一九九五年十一月にアスタナ・グヌン・ジャティにおいて行われた。あらすじは以下のとおりである。

7　グヌン・ジャティは、ジャワ島にイスラムを伝えた九人の聖人の一人で、チルボン王国の創始者である。グヌン・ジャティの廟は、チルボンの王宮の一つであるカスプハン王宮の歴代の王たちの墓所になっている。現在でも多くの人々が参拝に訪れる場所である。

場面1　ガムル国のキ・タンパン・ラガとその家臣たちが登場。西の方で頻繁に洪水が起こっているため、チュランチャンに運河を掘る計画を立てる。

場面2　チュランチャン一帯を治めるグヌン・スンブンとガムル国の家臣たちが対面。グヌン・スンブンが運河を掘ることを承知せず、両者は戦いとなる。戦いの途中で、グヌン・スンブンは、本来の姿であるキ・クウ・チルボンに姿を変える。彼はチルボン王国の礎を築いた人物とされている。

場面3　チルボン王国のグヌン・ジャティ王に派遣されたカリジャガがキ・タンパン・ラガに対面する。チュランチャンに運河を掘ることを許可せず、戦いとなる。カリジャガたちの勝利となる。

場面4　グヌン・ジャティ王に対面するキ・タンパン・ラガ。グヌン・ジャティ王はやむなくチュランチャンに運河を作ることを許可する。

場面5　キ・タンパン・ラガとその家臣たちが運河を掘ろうとすると、地の精が現れて、セ・マグルン・サクティという人身御供を要求する。
キ・タンパン・ラガはセ・マグルン・サクティをたずね、人身御供となることを要求する。セ・マグルン・サクティは断り、両者は戦いとなり、破れたセ・マグルン・サクティは連れ去られる。

場面6　セ・マグルン・サクティの妻であるガンダサリは夫を奪い返しに向かう。ガンダサリの助けによって、セ・マグルン・サクティは助かり、二人はキ・クウ・チルボンのもとへ向かう。

場面7　キ・クウ・チルボンの助言にしたがって、二人はチュランチャンへ向かい、地の中へ身を投じる。するとそこに、グヌン・ジャティ王、カリジャガ、キ・クウ・チルボンが待っている。チュランチャンは神聖な土地であることがわかり。運河は、より南にずらして掘ることになる。その運河は現在も流れているボンデット河であると言われている。

このエピソードの中で語られているチュランチャンは現存する地名であり、チルボンの人々にはよく知られている。上記の物語はチルボン王国の始祖であるイスラム九聖人の一人スナン・グヌン・ジャティをはじめ、チルボンの人々にとって重要な人物たちが多く登場する。このエピソードが上演された場所は聖者廟アスタナ・グヌン・ジャティの舞台であったこともあり、上演場所にまつわる物語が選択されたと考えられる。この種の物語は限られた地域における需要があるのみで、チルボンの外ではあまり意味を持たないものであるだろう。

6・7　ジャワ島固有の物語

これまで述べてきたようにジャワ島には古代インドの叙事詩の他にもジャワ島に由来する豊富な物語のレパートリーが存在する。そしてこれらのジャワ島固有の物語はそれぞれ特定の芸能ジャンルと結びつきながら発展してきた。

ワヤンの物語世界を知るためには、こうした多様なワヤンのジャンルと物語の結びつきを知る必要もある。一方で上演における物語の展開方法という点では、これらの物語はインドの叙事詩ラーマーヤナとマハーバーラタとは一線を画していると考えられる。インドの叙事詩を母体とするワヤンの演目のレパートリーがさまざまなヴァリエーションを内包しつつ多様な形で存在しているのに対して、ジャワ島由来の物語群はエピソードも上演のやり方もほぼ一定であるという特徴が見られる。これらの物語群は特定のワヤン芸能のジャンルと結びついて発展し、ときには特定の儀礼とも結びついてジャワの社会において重要な役割を果たしてきた。

コラム8

中部ジャワのランゲンドリヤン

ダマル・ウラン物語は、西ジャワの人形劇、中部ジャワの影絵などで上演されるほか、中部ジャワ・スラカルタのマンクヌガラン王家で伝承されてきたランゲンドリヤン *langendriyan* という名称の舞踊劇のジャンルの中でも上演されている。ランゲンドリヤンは、女性の演者のみによって構成される舞踊劇である。またこの舞踊劇は、物語は歌によって進行し、演者の台詞は、マチャパット *macapat* という形式の定型詩を歌うことによって演じられる。演者は、踊りと演技だけではなく、歌にも秀でている必要がある。

コラム9

バリ島のムルワカラ
――ジャワ島のムルワカラとの比較

バリ島では、この演目は、サプ・レゲールという儀礼において演じられる。サプ・レゲール儀礼は、バリ暦のウク・ワヤンという週に生まれたこどもの魔除けの儀礼として行われる。

以下に、バリ島のムルワカラのあらすじを記す。

シヴァ神には双児の息子があり、一人は羅刹のバタラ・カラ、もう一人は美男子のラレ・クラマであった。バタラ・カラは、墓地の国であり羅刹で死の女神であるドゥルガの住む国へ送られる。バタラ・カラは双子の弟が憎く、シヴァのもとへ出かけて、弟を食らい、その魂をもらいうけたい、と申し出る。シヴァは、七年待つようにいいきかせ、ラレ・クラマに大きくならない呪文をかける。七年経っても弟が大きくならないことをバタラ・グルに見せて、さらに三年待たせ、その後、さらに三日待たせて、その間にラレ・クラマを、クルタネガラ王のもとへ逃がす。怒ったバタラ・カラは、ラレ・クラマを追跡し、その途中、さまざまな人を呪う。（薪を束ねたままでかまどにくべた人、薪口を閉めずに不注意に火を焚いた人、など。）ラレ・クラマはクルタネガラ王のもとへ逃げるが、クルタネガラ王の軍勢もバタラ・カラにはかなわず、ラレ・クラマは逃げ続ける（松本 1982 : 120-133）。

また梅田は上演の記録から、ダランがラレ・クラマを匿《かくま》うヴァージョンを記述している（梅田 2006 : 67-97）。

コラム10

バリ島のチャロナラン物語

この物語はバリの魔女ランダにまつわる物語である。ランダは、プーラ・ダレム *pura dalem* と呼ばれる村の寺院の守護霊である。バリの村には通常少なくとも三つの寺院があり、それらは村の先祖を祀る寺院、共同体の繁栄を司る寺院、それに「死の寺院」と訳されるプーラ・ダレム（ダレムの本来の意味は、「深層の」）。プーラ・ダレムは死の女神であるドゥルガのために捧げられているが、ここで葬儀を行うのではなく、一種の魔女の棲家とされている。人々が災害や病気や穢れから身を守るために、それらを司る魔女たちを祀り上げている寺院である。ヒンドゥー教の死の女神であるドゥルガは多くの場合、バリ島では魔女ランダの姿をとって現れる。ランダは恐ろしいと同時に魅力ある存在として位置づけられている。

哲学者、中村雄二郎は、バリ島におけるランダの性格づけに関して、「邪悪なものや人間の弱さをただ切り捨てたり抑圧したり無視したりせずに、むしろそれらを顕在化させ、解き放ちつつ祀り上げることによって〈パトス〉（受苦、情念、受動）から自己を守るとともに、文化に活力を与えるバリの文化の絶妙な仕組みが隠されている」と述べる（中村　一九九〇年『魔女ランダ考』岩波新書　同時代ライブラリー、十六頁）。

チャロナランの物語は以下のようなものである。

魔女ランダ（国立民族学博物館所蔵）

十一世紀のはじめ、バリの王子がジャワの大王エルランガとなった。母の大后チャロナランは、ジャワ王家の出身で、バリ出身の夫とともにバリ島をおさめていた。しかし、国王（エルランガの父）は后が魔法使いであることに気づき、后を森に追放した。

国王が死ぬと、やもめ（ランダは本来、寡婦を意味する）となったチャロナランは、魔法を教え込んだ弟子たちを使って息子であるエルランガの王国に復讐し、王国を滅ぼそうとした。復讐のかげには、チャロナランの美しい娘であるラナ・メンガリに求婚する若者が誰もいないことへの恨みもあった。

エルランガはチャロナランのおそるべき魔力にかなわず、高僧ムプ・バラタに助けを求める。ムプ・バラタは策を講じて、息子をチャロナランの娘の許へ送り、チャロナランの魔力の秘密を探らせる。魔力の秘密を知ったムプ・バラタは激しいたたかいの末に、呪文の力によってチャロナランを打ち負かし、滅ぼすが、その際罪の赦しを与え忘れる。そこで再度チャロナランを蘇らせ、その罪を償わせ、再び滅ぼす。

チャロナラン劇の上演は、この世界の中の恐れ、自然、悪、運命、病気、など、人間の力では変えることのできないさまざまな現象に対して、それを仮面の力で現前化させ、それに物語を与えて、上演の中でそれをしずめることによって、自然界と対峙していこうとするバリ島の人々のやり方の一つと考えられる。仮面の世界で起こることと自分たちの日常の世界とは決して無関係ではない、というバリの人々の考え方を見ることができる。

コラム11

バリ島のバロン・ダンス

現在バリ島では、魔女ランダは観光客向けの芸能として演じられるバロン・ダンスに登場する。バロン・ダンスにおける物語の筋はチャロナランとは異なり、聖獣バロンと魔女ランダの終わりなき戦いを描いたものであり、さらに一部にはマハーバーラタの登場人物が登場する。観光客向けの約一時間の上演のためにアレンジされた物語の筋は以下のようになっている。

場面1　物語の始まる前：聖獣バロン、猿などの登場。二人の少女によるレゴン・ダンスの上演。

場面2　パーンダヴァ五王子のサハデーワ王子の家臣二人の登場。王子がいけにえにされることを悲しむ。そこへ、死神の手下の小悪魔が現れて、二人を脅かす。二人はサハデーワ王子の忠臣である大臣に助けを求める。

場面3　大臣と王妃クンティ、サハデーワ王子の登場。大臣と王妃は嘆き悲しむが、小悪魔が再び現れて二人に呪いをかけると、二人は悪魔の意のままになり、王子をいけにえにすべく死神の住む森へ連れていき、大木に縛り付ける。

場面4　シヴァ神が現れ、木に縛られた王子を哀れんで不死身にする。死神の手下の魔女が現れて王子を殺そうとするが、

バロン（国立民族学博物館所蔵）

殺すことができない。魔女は敗北をみとめ、天国へいけるように、自分を殺して欲しいと王子に頼む。王子は望みどおり、魔女を殺す。

場面5　妹分の魔女カリカが現れ、自分も殺して欲しいと王子に頼む。王子がこれを拒むと、カリカは王子に戦いを挑み、魔術で猪や鳥に変身するが負けてしまう。

場面6　そこで、カリカは魔女ランダに変身する。王子もランダにはかなわないとして、善獣バロンに変身する。両者の力は互角であるため、決着がつかない。短剣を手にしたバロンの従者の若者たちが現れ、ランダと戦おうとするが、ランダの魔力によって、男たちは自分の身に短剣を突き立てる。

場面7　バロンとランダの終わりなきたたかい。寺院の僧侶が現われて、短剣を手にした男たちに聖水をふりかけて、彼らを正気に戻す。

観光客向けのバロンとランダの上演

第7章　結論

ワヤンの上演と物語世界

ジャワ島のワヤン上演における物語世界はさまざまなレパートリーを擁し多彩な様相を呈している。古代インドの叙事詩ラーマーヤナとマハーバーラタは独自の解釈を加えられ、多くの創作された演目を生み出しながらオリジナルの物語とは異なる膨大なレパートリーを形成してジャワ島に根付いてきた。魔除けの演目である「ムルワカラ」や稲の起源神話のようにジャワ固有の演目として位置づけられるものもある。その他にジャワ島独自の英雄譚や王国や土地の起源神話を含む膨大な物語の世界がワヤンの上演を支えている。そしてこれらの物語世界は、テクストとして読まれるとともにさまざまなジャンルの芸術作品の主題ともなってきた。

物語世界が多彩な様相を呈する一方で、ワヤンの上演のあり方は一定の様式性を持ち物語の展開方法もある程度決まっている。ワヤンの上演における個々の演目は完結した様式をとおして登場人物の生い立ち、運命、主要な出来事などに関する伝記的情報を示し、登場人物間の系譜関係と因果関係を描いていく。一つの演目はそれ自体が完結した構造を持つものとして上演され鑑賞されるが、その一方で演目を集積してこれらの情報を蓄積することによって多くの登場人物像や登場人物間の関係を知ることが可能となる。

このような上演されるエピソードの蓄積によって形成される物語の全体像は、書かれたテクストが持つ一方向への線状の筋立てを基準とするならば、時として不完全で不均衡な形を持つ。叙事詩の一部分のみが提示され、ある特定の部分だけが異常に膨れ上がるということも起こる。しかしこのことは言い換えれば、叙事詩のある部分を際限なく広げていくことを可能にする。第3章で述べたようにジャワ島のワヤンにおけるマハーバーラタの演目の中には創作されたものが非常に多くこれらのほとんどが大戦争に至る前の部分に集中している。このようにマハーバーラタの場合には中間部が著しく膨れ上がった形になっている。また第2章で述べたラーマーヤナの場合には主人公ラーマが活躍する演目以外に、他の登場人物の系譜や戦いなどを扱う多くの演目が存在する。東南アジアの全般で広く知られているラーマーヤナの大筋の他にもジャワ島には多くの重要な演目が存在する。

演目が決まった構成を持っているため、叙事詩の一部分を描いた演目であっても完結した一つの形式として伝承され続けることが可能となる。またある演目の上演と別の演目の上演が叙事詩や物語における時系列上の順序にしたがう必要もない。観客と演者は、一つの演目を通して登場人物の伝記的情報、性格、それに相応しい行動様式、主要な事件や出来事の経験を再確認する。そして多くの演目を知ることによって新たな情報を蓄積し、すでに蓄積した情報を再確認する。多数の上演を行うことを通して、あるいはそれらを観ることを通して物語世界についての情報が蓄積されていく。

上演を集積することによって形成される情報には、書かれたテクストも間接的に影響を与えている。すでに述べたジャワ語のテクスト、ジャワ語からスンダ語への翻訳・翻案、オランダ語や英語からの翻訳・翻案などの書かれたテクストは、印刷された書物、雑誌などの媒体によってより体系化された知識として知られている。またさまざまな物語を題材としたテレビドラマ、演劇、創作舞踊、ワヤンの漫画などを通しても物語に関する多くの情報が示される。各地の説話や伝説のようなジャワ島固有の物語に関しては、教育文化省からこれらの物語をまとめた書物も出版されている。書かれた情報をはじめとするさまざまな情報を通して、ワヤンの観衆や人形遣いは叙事詩の全体像を書かれたテクストのような筋立てとして認識している場合も多いだろう。しかし上演においては、書かれたテクストの筋立てを想定してそれを演目と関連づけることは必ずしも必要不可欠ではない。構成の決まった演目を通して登場人物の伝記的情報と登場人物間の人間関係を知るというメカニズムは、書かれたテクストにおける一方向の物語の展開を知ることとは異なる認識のやり方を持つ。

西ジャワの文学者であるアイップ・ロシディはワヤンの登場人物の伝記的情報は演目を観ることに

よって得られるだけではなく年長者から年少者へ日常生活のさまざまな場で語り聞かせて伝承してきた情報であると述べている。アイップ氏自身もワヤンを観に行くときあるいは上演を終えて帰るときに祖父からその日の演目の登場人物について教えられたという（インタビュー：二〇〇二年十月十四日）。このような民俗知識の豊かな伝承はワヤンの上演における登場人物の伝記的情報に意味を与える要素であったと考えられる。

この本では主に叙事詩、物語の内容とワヤンの上演における演目の展開方法を対象としたが、筆者の力不足のゆえに上演の中の語りの内容については詳述することができなかった。上演を対象として物語を考察するためには語りや台詞などの言葉による表現を詳細に翻訳し分析する必要があるだろう。ワヤンの一晩の上演は、いくつかの場面に分かれた様式的構成のもとに展開しこの構成のもとで人形遣いは叙事詩を語り、歌を歌い、人形の台詞を話す。演目の舞台となる王国の状況や登場人物の心情は人形遣いが地語りあるいはカカウェン *kakawen* と呼ばれる韻文形式の詩を朗唱する・歌うことによって表現される。それ以外に人形として登場する登場人物たちの考えや主張を台詞で語ることによっても表現する。これらの言葉による表現自体も様式化されたものである場合が多く、その語りはしばしば定型句や決まった比喩的表現などで成り立っている。このような傾向は上演という行為において口頭で伝承されたことに起因するだろう。マレーのワヤンの研究を行ったアミン・スウィーニーは、ワヤンの語り手たちが特有の言葉や修飾語、一連の同義語を用いて日常語の語形や頭語法を歪曲することによってできた複雑な構造を使用することによって、地方語の高度な形式を作り上げていることを指摘する（Sweeny 1991 : 19）。さらにワヤンに限らずその他の伝統演劇や物語の朗唱のジャンル、あるいは語り物でないジャンルすなわち伝統医療や霊媒の語りなどにおいてもこれらの様式化された特有の言語使用が認められることを指摘する（Sweeny 1991 : 19）。こうした言語表現を対象としてさらなる検討を加えることは今後の研究課題として残されている。

また上演芸術としてのワヤンの物語をより深く理解するためには言語表現の詳細な検討に加えて、上演の中の言語以外の要素に注目することも必要である。ワヤンの上演は言葉による表現のみがすべてではない。人形遣いは人形を動かし伴奏の音楽をリードする。人形の動きやしぐさ、人形の声色、伴奏に演じる音楽などは、言葉による表現と同様に重要な要素である。第5章で述べたように、それぞれの登場人物は独特の類型化された「性格」を持っている。その「性格」を表現する重要な要素は人形の外形、動きや振舞い方、声色などの多くの要素である。特定の登場人物の登場に際しては、その登場人物のテーマ曲として決まった曲を演奏する場合が多い。また、上演の始まりに演奏する曲、あるいはそれぞれの場面転換に演奏する曲なども決められている場合が多い。こうした上演におけるさまざまな要素と叙事詩に関する情報との詳細な関連についても今後さらなる検討が必要である。そうすることによってワヤンという演劇の表現形式をより深く知ることができると考えられる。

用語（人名）一覧表

※物語の登場人物名はインドネシアの名称を記し、（ ）内にサンスクリット名を記した

アミル・ハムザ *Amir Hamza* **物語**　預言者ムハンマドの叔父であるアミル・ハムザ王（別名ジャエンラナ）の活躍を描く物語。

アノム・スロト *Anom Suroto*（一九四九〜）　中部ジャワの影絵芝居の人形遣いの第一人者。特に声の演技に定評がある。

アルジュナ *Arjuna*　マハーバーラタの武将。パーンダヴァ五王子の三番目で、クンティーが呪文でインドラ神を呼び出して授かった息子とされる。美しく武芸に秀でた武将。

アセップ・スナンダール・スナルヤ *Asep Sunandar Sunarya*（一九五五〜二〇一四）　西ジャワの人形劇の人形遣いの第一人者。

アスタナ・グヌン・ジャティ *Astana Gunung Jati*　ジャワ島の九聖人の一人で、チルボン王国の創始者とされるグヌン・ジャティ王の廟。グヌン・ジャティはイスラム王国チルボンの建国者である。聖者廟は現在、チルボンのカスプハン王宮の所有となっており、歴代の王たちの墓所である。多くのイスラム教徒の祈願と瞑想の場であるとともにワヤンの人形遣いたちが上演を奉納する場ともなっている。

バガヴァット・ギーター *Bagavat Gita*　マハーバーラタの第六巻に相当する。大戦バラタユダを前に、敵方の親族、朋友を見て戦意を喪失するアルジュナに対して語られるクレスナ（クリシュナー）の教え。

ビマ *Bima*（ビーマ）　マハーバーラタの武将。パーンダヴァ五王子の二番目で、クンティーと風神バーユの間に生まれる。やや粗暴ではあるが、剛勇の武将である。ジャワでは、哲学的な境地に達した人物として位置づけられており、ビーマにまつわる特別なエピソードが存在する。

ダダン・スナンダール・スナルヤ *Dadan Sunandar Sunarya*（一九七五〜） 西ジャワの人形劇の人形遣い。

ダラン *dalang* ワヤンの語り手。人形劇や影絵芝居の場合には人形遣いでもある。語り、台詞、人形操作など、一晩の上演のすべてを取り仕切る存在。

ダマル・ウラン物語 *Damar Wulan* 十四世紀頃の東部ジャワを舞台とする英雄譚。主人公ダマル・ウランは、魔王メナック・ジンガを倒し、マジャパイトの女王クンチャヤナ・ウングと結ばれる。

ダナワ・パティ *danawa patih* 西ジャワのワヤンにおいて人形の「性格」を表わす用語。魔物の役柄で大臣などを表わす。

ダナワ・ラジャ *danawa raja* 西ジャワのワヤンにおいて人形の「性格」を表わす用語。魔物の役柄で王を表わす。

ダサムカ *Dasamuka* ラーマーヤナの魔王ラーヴァナの、ジャワ島における別名。十の顔、の意。

デワ・ルチ *Dewa Ruci* ジャワ独自のワヤンの演目。パンダワの武将ビマが冒険の末、自身の内面の神に出会い、人生の意味を知る物語。

デウィ・スリ *Dewi Sri* ジャワ島の稲作農耕儀礼におけるワヤンに登場する稲の女神。

ドゥルユダナ *Duryudana*（ドゥルヨーダナ） マハーバーラタに登場するカウラヴァ百王子の長男。ジャワではスユダナとも呼ばれる。

ゴロゴロ *gara-gara* 中部ジャワの影絵芝居の中で、真夜中付近に演じる場面。従者を兼ねる道化役者が登場し、さまざまな教訓を語り、滑稽な演技を披露する。

ガトカチャ *Gatotkaca*（ガトートカチャ） マハーバーラタの武将。ビーマの息子。正義感あふれる武将で、ジャワ島では非常に人気のある登場人物。

グヌンガン *gunungan* 「山のようなもの」を意味する。スイギュウの皮に、山、鬼神カーラ、水ティルタなどのさまざまな彫刻が彫られている。ワヤンの上演では、山・木・岩などの自然現象を表すものとして使用するほか、上演の最初と最後には舞台中央に刺される。場面転換ごとにも使用され、上演における「幕」としての機能を持つ。

ハヌマン *Hanuman*（ハヌマーン）　猿の武将。ラーマの息子とされる（ジャワでは、バタラ・グルの息子とされるヴァージョンもある）。ラーマーヤナでは、ラーマを助けて活躍する。ジャワ島では、マハーバーラタにも登場する。

カルナ *Karna*　マハーバーラタの武将。クンティーと太陽神スーリヤとの間に生まれる。パーンダヴァの異父兄弟であるが、カウラヴァ側につき、恩義を受けたカウラヴァに忠誠を尽くし、最後には戦死する。

クバティナン *kebatinan*　ジャワの神秘主義。「内面」を意味するアラビア語のバティン *batin* に由来する。断食や瞑想などの修行を通して神との合一を図る。その教義や宗教実践は多様である。

ケチャ *kecak*　憑依をともなう儀礼サンヒャンをもとにして二十世紀初頭にドイツ人画家ヴァルター・シュピースの助言により観光用芸能として再生された。

コラワ *Korawa*（カウラヴァ）　ダストラストラの百人の息子たち。長兄ドゥルユダナを筆頭とする。パンダワと対立する。

コサシ *R.A. Kosasih*（一九一九〜二〇一二）　西ジャワ生まれの漫画家。ラーマーヤナとマハーバーラタを題材としたワヤン・コミックの作者として知られている。

クレスナ *Kresna*（クリシュナー）　マハーバーラタに登場するパーンダヴァの従兄弟であり、アルジュナの朋友。パーンダヴァを常に勝利に導く戦略家。

クンティ *Kunthi*（クンティー）　マハーバーラタに登場するパーンダヴァの母。

ラコン *lakon*　ワヤンにおける演目。叙事詩や物語の中の一つのエピソードに基づく。

ラコン・チャランガン *lakon carangan*　枝葉の演目。オリジナルの物語から派生した創作などを含むさまざまな演目を指す。

ラコン・ポコック *lakon pokok*　主要な演目。オリジナルの物語の一部分を成す演目。

マハーバーラタ *Mahabharata*　古代インドの叙事詩。バラタ族の後裔《こうえい》パンダワ（パーンダヴァ）とコラワ（カウラヴァ）の対立と戦争を描く。

マクタル *Maktal*　西ジャワの人形劇の冒頭に登場する従者の人形。この人形の踊りの場面は人形遣いの技のみせどころとなっている。

マンタップ *Ki Manteb Soedharsono*（一九四八〜）　中部ジャワの影絵芝居の人形遣い。奇抜な人形操作などで「見せるワヤン」の第一人者として、現在、インドネシアで最もよく知られる。

ミロト *Martinus Miroto*（一九五九〜）　中部ジャワジョグジャカルタ出身の創作舞踊家。独自のコンセプトに基づく創作の数々が高い評価を受けている。

ムラン・タンバ *mulang tambah*　ジャワ島チルボンにおいて田植えの二ヵ月後に行う農耕儀礼。この儀礼に際しては、影絵芝居を上演する。

ムルワカラ *Murwakala*　厄除け儀礼ルワタンにおける演目。魔物バタラ・カラの物語。

ナルトサブド *Nartosabdho*（一九二四〜八五）　中部ジャワの影絵芝居における人形遣い。その名高い上演で中部ジャワのワヤンの一時代を築いた人物とされる。

パナカワン *panakawan*　ワヤンに登場する、従者を兼ねる道化役者。スマル、ガレン、ペトル、バゴンの四人。西ジャワではバゴンの代わりにチェポットが登場する。

パンダワ *Pandawa*（パーンダヴァ）　パーンドゥの五人の息子たち。ユディシュティラ、ビーマ、アルジュナ、ナクラ、サハデーヴァ。

ポンガワ・ダンガ *ponggawa dangah*　西ジャワのワヤンにおける人形の「性格」を表わす用語。大臣の役柄で頭が上向きのポジションにある人形を指す。

パンジ物語 *Panji*　十一世紀の東部ジャワを舞台とする英雄譚。ジェンガラ国の王子パンジが恋人チャンドラ・キラナ（別名スカール・タジ）を探し、冒険と放浪の日々を送る。

ポンガワ・ルング *ponggawa lunggah*　西ジャワのワヤンにおける人形の「性格」を表わす用語。大臣の役柄で頭が下向きのポジションにある人形を指す。

プトリ・ダンガ *putri dangah*　女性の登場人物で頭が上向きのポジションにあるもの。

プトリ・ルング *putri lunggah*　女性の登場人物で頭が下向きのポジションにあるもの。

ラマ *Rama*（ラーマ）　ラーマーヤナに登場するアヨーディアーの王子。魔物に誘拐された妻シンタ（シーター）を猿の武将たちの助けを借りて取り戻す。

ラーマーヤナ *Ramayana*　古代インドの叙事詩。「ラーマの行程」という意味を持つ。アヨディア国のラマ（ラーマ）王子が、魔物ラーヴァナにさらわれたシンタ（シーター）を救出する物語。

ロンゴワルシト *Ranggawarshita*（一八〇二〜七三）　十九世紀に中部ジャワスラカルタ王宮で活躍した宮廷詩人。『古の王の書 **Pustaka Raja Purwa**』の作者。

ラワナ *Rahwana*（ラーヴァナ）　ラーマーヤナに登場する魔王。ジャワでは、ラワナと呼ばれる。また、頭が十あることからダサムカとも呼ばれる。ジャワにはラーヴァナの誕生の経緯を語る演目がある。

ルワタン *ruwatan*　ジャワ島における厄除けの儀礼。「ムルワカラ」という特別な演目を上演する。

サストラ・ジェンドラ・ユニングラト *sastra jendra yuningrat*　ジャワの神秘主義思想における知識の一つ。ジャワのワヤンにおけるラワナ（ラーヴァナ）誕生のエピソードの中で言及される。

サトリア・ルング *satria lunggah*　西ジャワにおける人形の「性格」を表わす用語。洗練された貴公子の役柄を表わす。

サトリア・ラダック・ダンガ *satria ladak dangah*　西ジャワにおける人形の「性格」を表わす用語。貴公子の役柄でやや敏捷な性格を持つものを表わす。

ステカ・ブミ *sedekah bumi*　ジャワ島チルボンで十一月から十二月の田植えに先立って行う農耕儀礼。仮面舞踊と影絵芝居を上演する。

スンドラタリ *sendratari*　芸術 *seni*、演劇 *drama*、舞踊 *tari* の合成語で、舞踊劇を意味する。一九六〇年代にジャワ島で創作された舞踊劇のジャンル。中部ジャワのジョグジャカルタでは、ラーマーヤナを演じるスンドラタリがよく知られている。台詞や語りを用いない形態であるため、通称ラーマーヤナ・バレエと呼ばれる。

スナン・カリジャガ *Sunan Kalijaga*　ジャワ島にイスラムを布教した九人の聖人の一人。

スナルヤ、A *Sunarya, A.*（一九一八～一九八八）　インドネシア独立後から一九七〇年代にかけて活躍した人形劇の人形遣い。

トペン *topeng*　ジャワ島あるいはバリ島の仮面舞踊を総称する。仮面そのものを指すこともある。西ジャワでは、仮面をクドック *kedok* と呼ぶ。

トゥルナン *turunan*　ワヤンの人形遣いや、踊り手、演奏家など、芸術家の系譜を引くものを指す。

ワリ・サンガ *wali sanga*　ジャワ島にイスラムを布教した九人の聖人。

ワタック *watak*　仮面や人形の「性格」を意味する。

ワヤン・ババド *wayang babad*　王国の年代記を演じるワヤン。

ワヤン・ベベル *wayang beber*　物語の場面が描かれた絵巻の絵解きを語るワヤン。

ワヤン・ブッダ *wayang Buddha*　仏教説話を題材とするワヤン。

ワヤン・ゲドック *wayang gedok*　ジャワの二大英雄譚パンジ物語とダマル・ウラン物語を演じるワヤン。

ワヤン・カトリック *wayang Katolik*　聖書を題材とした物語を演じるワヤンで現在でも教会などで演じられる。

ワヤン・クリット *wayang kulit*　スイギュウの皮に彫刻と彩色を施した人形の影をスクリーンに映して演じる影絵芝居。

ワヤン・ゴレック *wayang golek*　木製の人形を使って上演する人形劇。

ワヤン・ゴレック・プルワ *wayang golek purwa*　古代インドの叙事詩マハーバーラタとラーマーヤナを上演する人形劇。

ワヤン・ゴレック・チュパック *wayang golek cepak*　アミル・ハムザ王の物語や、王国の歴史物語、ジャワ島の英雄譚パンジ物語やダマル・ウラン物語を上演する人形劇。人形の頭頂部が平らであることからこの名称で呼ばれている。

ワヤン・クリティック *wayang klitik*　板状の人形を用いて上演するワヤン。

ワヤン・マディオ *wayang madya*　ジャワ史上の王やその一族にまつわる物語を演じるワヤン。

ワヤン・メナック *wayang menak*　ムハンマドの叔父アミル・ハムザ王の物語を演じるワヤン。

ワヤン・オラン *wayang orang*　俳優が演じる芝居であるが、物語は語り手が展開し、台詞も語り手が担当する。踊り手は人形劇における人形と同様の役割を演じる。

ワヤン・ウォン *wayang wong*　ワヤン・オランのジャワ語。ウォンはジャワ語で人を意味する。

ワヤン・トペン *wayang topeng*　仮面をつけた踊り手が演じる仮面劇。

ヨソディプロ *Yasadipura* **一世**（一七二九～一八〇三）　中部ジャワスラカルタ王宮の宮廷詩人。『スラット・ラマ』、『デワ・ルチ』などの作者とされる。

ヨソディプロ *Yasadipura* **二世**（一七五六～一八四四）　中部ジャワスラカルタ王宮の宮廷詩人。『アルジュナサスラバフ』などの作者とされる。

ユディスティラ Ａ・Ｎ・Ｍ・マサルディ *Yudhistira ANM Massardi*（一九五四～）　大衆小説ノベル・ポップの小説家。ワヤンを題材としたアルジュナ三部作の作者。

引用・参考文献表

Anderson, Benedict R. O'G.

1996 *Mythology and the tolerance of the Javanese.*（second edition, first published in 1965）, Cornell University.

青山亨

1994 「叙事詩、年代記、予言：古典ジャワ文学に見られる伝統的歴史観」、『東南アジア研究』 32 （1）：34-65

1998 「インドネシアにおけるラーマ物語の受容と伝承――物語と表現の変遷」 金子量重・坂田貞二・鈴木正崇編『ラーマーヤナの宇宙――伝承と民族造形』 pp.140-163 春秋社

Bonneff, Marcel

1998 *Komik Indonesia.* KPG（Kepustakaan Populer Gramedia）

Buurman, Peter.

1988 *Wayang golek : The entrancing world of classical Javanese puppet theatre.* Oxford University Press.

Chudori, L.

1991 R. A. Kosasih: Di Tengah Pandawa dan Kurawa. *Tempo*, 21 December 1991, pp.41-67.

Djajasoebrata, Alit.

1994 *Shadow Theatre in Java : The puppets, performance and repertoire.* The Pepin Press.

Foley, Kathy.

1979 The Sundanese wayang golek: The rod puppet theatre of West Java. Doctoral dissertation, The University of Hawaii.

深見純生

1991「東南アジア最古の書物――古代ジャワ語『ラーマーヤナ』」、『ユリイカ』23（8）：140-149　青土社

福島真人

2002『ジャワの宗教と社会――スハルト体制下インドネシアの民族誌的メモワール』ひつじ書房

福岡まどか

1996「仮面の解釈――ジャワ島・チルボンの仮面舞踊を中心に」『民族学研究』61（2）：191-214

2002『ジャワの仮面舞踊』勁草書房

2004「西ジャワのワヤン *wayang* における叙事詩『世界』の形成――マハーバーラタを対象として――」『国立民族学博物館研究報告』28（4）：571-596

2009a「インドネシアにおけるラーマーヤナ物語の再解釈：R・A・コサシのコミックを事例として」、『東南アジア――歴史と文化――』38号、pp.106-140

2009b「ジャワ島の舞踊劇スンドラタリ *sendratari* におけるラーマーヤナの内容と提示方法」、『東洋音楽研究』第74号、pp.109-121

2010「インドネシア・ジャワ島の影絵芝居と人形劇における物語――ラーマーヤナを事例として――」、『説話・伝承学』第18号、pp.189-207

2011「ジェンダーから見る物語――インドネシアのラーマーヤナにおける男性像と女性像――」、『大阪大学大学院人間科学研究科紀要』第37巻、pp.251-273

2013「インドネシアにおける伝統芸術と大衆文化の相互関係――西ジャワの人形劇とコミックのマハーバーラタ」、『大阪大学大学院人間科学研究科紀要』第39巻、pp.125-151

2014 「伝統芸能を次世代に伝え遺す――インドネシアにおけるＮＧＯ団体の取り組みから――」、『大阪大学大学院人間科学研究科紀要』第40巻、pp.73-91

Fukuoka, Madoka

2015 Reinterpretation of the Ramayana in Indonesia: A consideration of the comic works of R.A. Kosasih.『国立民族学博物館研究報告』40（2）：349-367

福岡正太・福岡まどか

2004 『ワヤンの広場――東南アジアの人形と仮面』みんぱく発見８　千里文化財団

Geertz, Clifford

1976 *The Religion of Java*. The University of Chicago Press.（First published in 1960 by The Free Press）

van Groenendael, Clara

1987 *Dalang di balik wayang*. Pustaka Utama Grafiti.

（*The dalang behind the wayang: The role of the Surakarta and the Yogyakarta dalang in Indonesian-Javanese society*. Leiden: Koninklijk Instituut voor Taal-, Land-en Volkenkunde, 1985）

1987 *Wayang theatre in Indonesia: An annotated bibliography*. Foris Publications.

Hardjowirogo R.

1952 *Sedjarah wajang purwa*.（tjetakan kedua 第２版）Balai Pustaka.

ハルジョウィロゴ、マルバングン

1992 『ジャワ人の思考様式』染谷臣道・宮崎恒二訳、めこん

Haryanto, S

1988 *Pratiwimba adhiluhung: Sejarah dan perkembangan wayang*. Djambatan.

Holt, Claire
1967 *Art in Indonesia: Continuities and change*. Cornell University Press.

岩本裕
1980 「解題『ラーマーヤナ』」『ラーマーヤナ』第1巻 平凡社、pp.223-350
1985 「解題『ラーマーヤナ』」『ラーマーヤナ』第2巻 平凡社、pp.286-355

上村勝彦
2002 『原典訳マハーバーラタ1～7』筑摩書房

河田清史
1971 『ラーマーヤナ』（上） 第三文明社 レグルス文庫
1971 『ラーマーヤナ』（下） 第三文明社 レグルス文庫

Keeler, Ward
1987 *Javanese shadow plays, Javanese selves*. Princeton University Press.
1992 *Javanese shadow puppets*. Oxford University Press.

小池誠
1998 『インドネシア――島々に織りこまれた歴史と文化』三修社

小池まり子
2005 「インドネシア国民文化の生成：バリ島の舞踊劇スンドラタリの生成とその受容を事例として」『ムーサ』
Mousa 6 : 59-72.

Kosasih, RA
1975 Ramayana A, B, C. Penerbit Erlina

1978 Bharatayudha A-D. Penerbit Erlina.

n.d. Dewa Ruci. Penerbit Erlina.

Lindsay, Jennifer

1991 *Klasik, kitsch, kontemporer: Sebuah studi tentang seni pertunjukan Jawa*. Gajah Mada University Press.

前川輝光

2006 『マハーバーラタの世界』めこん

松本亮

1981 『マハーバーラタの陰に』ワヤン協会

1982 『ワヤン人形図鑑』めこん

1982 『ジャワ影絵芝居考』誠文図書

1993 『ラーマーヤナの夕映え』八幡山書房

1994 『ワヤンを楽しむ』めこん

2011 『ジャワ舞踊バリ舞踊の花をたずねて――その文学・物語背景をさぐる』めこん

Miettinen, Jukka O.

1992 *Classical dance and theatre in South-East Asia*. Oxford University Press.

Moehkardi, Drs.

2011 *Sendratari Ramayana Prambanan: Seni dan Sejarahnya*. KPG (Kepustakaan Populer Gramedia) bekerja sama dengan PT. Taman Wisata Candi Borobudur, Prambanan & Ratu Boko.

Mrazek, Jan

1999 Javanese wayang kulit, in the times of comedy : Clown scenes, innovation, and the performance's being in the present world. Part One. *Indonesia* 68: 38-128.

2000　Javanese wayang kulit, in the times of comedy : Clown scenes, innovation, and the performance's being in the present world. Part Two. *Indonesia* 69 : 107-172.

Mrazek, Jan ed.

2002　*Puppet theater in contemporary Indonesia : New approaches to performance events*. Center for South and Southeast Asian Studies, University of Michigan.

Mulyono, Ir. Sri

1981　*Human character in the wayang*. Gunung Agung.

1982　*Wayang : Asal-usul, Filsafat dan Masa Depannya*. Penerbit PT Gunung Agung.

中島成久

1993　『ロロ・キドゥルの箱　ジャワの性・神話・政治』風響社

中村雄二郎

1990　『魔女ランダ考』岩波書店　同時代ライブラリー34

Van Ness, Edward C. and Shita Prawirohardjo

1980　*Javanese wayang kulit: An introduction*. Oxford University Press.

野中章弘

1993　「東南アジア随一の衛星放送先進国――インドネシア」アジアプレス・インターナショナル編『アジアTV革命――国境なき衛星放送新時代の幕開け』pp.132-139　三田出版会

大野徹

1993 「東南アジアのラーマーヤナ――インドネシア・マレーシア・フィリピンの伝承」『大阪外国語大学アジア学論叢』第３号、pp.37-70

2000 『東南アジア諸語版「ラーマーヤナ」の比較研究』 大阪外国語大学東南アジア古典文学研究会 （平成九、十、十一年度科学研究費補助金研究成果報告書 課題番号０９６１５２６）

オング、W. J.

1991 『声の文化と文字の文化』桜井直文・林正寛・糟谷啓介訳、藤原書店

押川典昭

1992 「訳者あとがき」、ユディスティラ・ＡＮＭ・マサルディ著『アルジュナは愛を求める』、押川典昭訳、めこん、pp.186-197

Pendit, Nyoman S.

2005 *Mahabharata*. Penerbit PT Gramedia Pustaka Utama

2006 *Ramayana*. Penerbit PT Gramedia Pustaka Utama

Picard, M.

1990 Cultural tourism in Bali : Cultural performances as tourist attraction. *Indonesia* 49 : 37-74.

ラッセルズ

1987 「ジャワ演劇の意味」、Ｐ・Ｅ・デ＝ヨセリン＝デ＝ヨング他著『オランダ構造人類学』 宮崎恒二・遠藤央・郷太郎翻訳、せりか書房、pp.361-428

Robson, S.O.

1971 *Wanbang wideya: A Javanese Panji romance*. Martinus Nijhoff.

Rosidi, Ajip et al. eds.

2000 *Ensiklopedi Sunda: Alam, Manusia dan Budaya*, Pustaka Jaya.

Salmun, M.A.

1986 *Padalangan 1, 2*, Departemen Pendidikan dan kebudayaan（Proyek Penerbitan Buku Sastra Indonesia dan Daerah）.

サストロアミジョヨ、セノ Dr. A. Seno Sastroamidjojo

1982 『ワヤンの基礎』Renungan tentang pertunjukan wajang kulit mengenai hubungannja dengan sedjarah, kewajangan, ilmu djawa,ᐟ ilmu kedjawenᐟ , ilmu keagamaan, ilmu kemasjarakatan, dll. 松本亮・竹内弘道・疋田弘子訳、めこん

坂田貞二

1998 「インドのラーマーヤナ：16世紀北インドのトゥルシーダースによる翻案を中心に」金子量重・坂田貞二・鈴木正崇編『ラーマーヤナの宇宙：伝承と民族造形』pp.4-48　春秋社

Sears, Laurie J.

1986 Text and performance in Javanese shadow theatre : Changing authorities in an oral tradition. Ph.D. Thesis The University of Wisconsin-Madison.

1991 Javanese Mahabharata stories: Oral performances and written texts, In J. B. Flueckiger and L. J. Sears（eds.）*Boundaries of the text: Epic performances in South and Southeast Asia*, pp.61-82. Center for South and Southeast Asian Studies, the University of Michigan.

1996 *Shadows of Empire : Colonial Discourse and Javanese Tales*. Duke University Press.

Soedarsono

1984 *Wayang wong: The state ritual dance drama in the court of Yogyakarta*. Gajah Mada University Press.

Soeharso

1970 Sendratari Ramayana Roro Djonggrang. *Laporan Seminar Sendratari Ramayana Nasional Tahun 1970.*: 1-72

Sunardi, D. M.

1979 *Ramayana*. Balai Pustaka.

Suanda, Endo

1983 Topeng Cirebon: In its social context. Master thesis of Wesleyan University.

Sweeny, Amin.

1991 Literacy and the epic in the Malay world, In J. B. Flueckiger and L. J. Sears (eds.) *Boundaries of the text : Epic performances in South and Southeast Asia*, pp.61-82. Center for South and Southeast Asian Studies, the University of Michigan.

関本照夫

1986 「ジャワ神秘主義の民族誌」『国立民族学博物館研究報告』 11 （2）：383-401

1994 「影絵芝居と国民社会の伝統」 関本照夫・船曳健夫編 『国民文化が生まれる時』 リブロポート、 pp.68-93

梅田英春

2006 「バリのサプ・レゲール儀礼におけるワヤン演目の研究：イ・マデ・クンバルの上演事例から」『沖縄芸術の科学：沖縄県立芸術大学付属研究所紀要』 18 pp.67-97

Wickert, Utta and Tizar Purbaya

n. d. *Wayang: Stories and pictures*. PT Intermasa.

Weintraub, Andrew N.

2004 *Power plays : Wayang golek theater of West Java*. Ohio University Research in International Studies.

あとがき

この本はジャワ島の芸能ワヤンの上演とその物語世界に関する調査研究の成果である。ワヤンに関心を持ったのは一九八〇年代の終わりにジャワ島に留学したときである。芸術大学で舞踊を学ぶために訪れた西ジャワ州の州都バンドンでは、木偶人形を用いる人形劇が主流で、さまざまな場で人形劇の上演を見る機会に恵まれた。西ジャワの人形劇はインドの叙事詩ラーマーヤナとマハーバーラタを主要な題材としており、特にマハーバーラタのレパートリーが多く見られた。筆者は留学中にジャワ島北岸チルボンへ頻繁に通って仮面舞踊を調査していた。チルボンの仮面舞踊は影絵とともに上演されることが多く、仮面舞踊手と影絵の人形遣いも密接な関係を持っていた。仮面舞踊はジャワ島由来の英雄譚パンジ物語を土台とするが影絵の方はインドの叙事詩マハーバーラタとラーマーヤナを土台としていた。またチルボンには人形の頭が平たい形態の木偶人形劇もあり土地にまつわる物語やジャワ島由来の英雄譚などが主要なレパートリーとなっていた。ワヤンという芸能は地域による差異も多く見られ、また影絵と人形劇というジャンルの違いによっても物語の細部はそれぞれ異なっていた。

筆者は二〇〇七年以降ジャワ舞踊と女形ダンサーの研究のためにジャワ島中部のジョグジャカルタで定期的に調査を行った。そこでも影絵をはじめとして舞踊劇、宮廷舞踊などの多くの芸術上演を見る機会に恵まれた。二〇〇八年にジョグジャカルタで開催された「ワヤン週間」においては近隣の地域から多くのグループが参加してさまざまな種類のワヤン上演が行われ、あらためてワヤン芸能の多様性を実感した。影絵と舞踊劇に関する記述の中ではジョグジャカルタで見た上演を取り上げ、特に観光芸能に関してはジョグジャカルタの舞踊劇と影絵の上演を取り上げた。

これらのさまざまな上演に触れた経験を通してワヤンの物語世界について考察したのがこの本である。

二〇〇四年以来授業を担当した旧大阪外国語大学インドネシア語専攻での「インドネシア文化講義」の中では、ワヤンの物語世界についての講義と文献購読を通した演習を行ってきた。その後二〇〇七年以降にはこの講義と並行して大阪大学における共通教育の授業の中でも演劇とその物語世界についての講義を行ってきた。授業を行いながら文献調査や現地での調査を統一したテーマのもとに整理して提示したいと考え続けてきた。文字化されたテクストから知る物語ではなく、芸能上演の中で演じられ認識される物語の世界について考察することは筆者にとって重要な課題であった。

西ジャワのバンドン、チルボンそして中部ジャワでワヤンの上演を観るチャンスはあったものの、上演と物語との関連に着目してインテンシブな調査を行ったことはなく、そうした調査の必要性を痛感していたところ、二〇一一年から三年間にわたり科学研究費「インドネシアにおけるコミックの考察：叙事詩マハーバーラタを対象として」（基盤c　課題番号23520169研究代表者：福岡まどか）の調査機会を得て、ワヤン上演とワヤンの物語を題材とするコミックとの関連についての現地調査を行うことができた。現地のNGO団体と共同で人形劇の上演を主催し、学生向けのセミナーや上演の映像記録などを行った。この本の特に人形劇とコミックに関する記述にはこれらの調査の成果を取り入れた。二〇一二年三月に西ジャワのバンドンで行われたダダン・スナンダール・スナルヤ氏の上演、二〇一三年三月に同じくバンドンで行われたアペップ・フダヤ氏の上演は、この本の主要な対象となっただけでなく、筆者に西ジャワの人形劇と物語との関連を考え直す多くの示唆を与えてくれた興味深い上演であった。お二人の人形遣い、そして上演をコーディネートして共同で撮影を行ってくれたNGO団体「ティカール・ブダヤ・メディア・ヌサンタラ」のエンド・スアンダ氏とスタッフの皆さんに心から謝意を表したい。

さらに第5章で扱った叙事詩のテクストに関する記述では、二〇〇九年三月と二〇一二年三月に西ジャワ出身のコミック作家コサシ氏の自宅を訪れ、インタビュー調査を行った成果も取り入れた。コサシ氏は二〇一二年七月に九十三歳で亡くなられたが、ご本人とご家族の許可を得て画像も数点掲載させていただくことができた。コサシ氏とご家族に深く感謝の意を表したい。またコサシ氏のコミックに強い影響を受けたという漫画家のG・M・スダルタ氏にはワヤンとコミックについて示唆的な多くのコメントをいただいた。この場をお借りして感謝の意を表したい。

この本の装画を担当してくださった早川純子さんとブックデザイナーの清水良洋さんには、多くの人に親しんでもらえるような装幀を作っていただいた。ここに記して感謝を表したい。そして、この本の出版を引き受けてくださったスタイルノート社の池田茂樹さんと、迅速な作業でサポートしてくださった冨山史真さんに深く謝意を表したい。

最後に、この本の執筆をさまざまな面で支えてくれた夫と二人の娘たちに感謝の気持ちを伝えたい。

二〇一五年十二月十六日　　福岡まどか

福岡まどか（ふくおか　まどか）

東京芸術大学大学院音楽研究科修了　修士（音楽）
総合研究大学院大学文化科学研究科修了　博士（文学）
1988年から1990年まで文部省アジア諸国等派遣留学生としてインドネシア国立舞踊アカデミー（現インドネシア芸術大学）バンドン校に留学し、スンダ地方の舞踊を習得して以来、インドネシアを中心とする東南アジア芸能の調査、研究に従事。
2004年から大阪外国語大学地域文化学科インドネシア語専攻助教授を経て、2007年から大阪大学大学院人間科学研究科グローバル人間学専攻准教授。

主な著作
『ジャワの仮面舞踊』（2002年　勁草書房　第20回田邊尚雄賞受賞）
『性を超えるダンサー　ディディ・ニニ・トウォ』（2014年　めこん）
『インドネシア上演芸術の世界』（2016年　大阪大学出版会）
共編『新版　東南アジアを知る事典』（2008年　平凡社）
共著『ワヤンのひろば』（2004年　千里文化財団）

ジャワの芸能《げいのう》ワヤン
――その物語世界《ものがたりせかい》

発行日　2016年2月12日　第1刷発行

著　者　福岡《ふくおか》まどか
発行人　池田茂樹
発行所　株式会社スタイルノート
〒185-0021
東京都国分寺市南町2-17-9 ARTビル5F
電話 042-329-9288
E-Mail books@stylenote.co.jp
URL http://www.stylenote.co.jp/
装　画　早川純子
装　幀　Malpu Design（清水良洋）
印　刷　シナノ印刷株式会社
製　本　シナノ印刷株式会社

ISBN978-4-7998-0146-8　C1039

スタイルノートの関連書

イスラムと音楽
イスラムは音楽を忌避しているのか

ISBN : 978-4-7998-0143-7
定価 : 2,500円（+税）

新井裕子 : 著

イスラムでは音楽が忌避されているというのは本当なのだろうか。よく言われる言説だが、なぜそう言われるのか、そして実際にどういう歴史をたどっているのかを本書は詳しく解説している。古代ギリシアで花開いた西洋音楽がイスラムを経てキリスト教文明へと伝播していった興味深い系譜も解説。コーランとハディース（預言者ムハンマドの言行録）の中に出てくる音楽に関する記述をすべて抽出し検討する。「イスラムと音楽」という、西洋古典音楽の前史がまとめられたとも言える基本文献となる1冊。

アラブの音文化
グローバル・コミュニケーションへのいざない

ISBN : 978-4-903238-41-8
定価 : 2,000円（+税）

西尾哲夫・水野信男・堀内正樹 : 編著
新井裕子・飯野りさ・樋口美治・樋口ナダ・小杉麻李亜
青柳孝洋・米山知子・斎藤完・谷正人・小田淳一 : 著

アラブ世界の文化を、グローバル・コミュニケーションという独自の視点に立って、ヨーロッパとの関係にも目を配り、「音」の次元から考察した斬新な論考。「音文化(おんぶんか)」とは、音が作り出すコミュニケーションを「音楽」という狭い枠から解放する考え方。本書は、歴史、伝統、理論、演奏、地域性、宗教、言語など幅広い観点から論じ、古典音楽から儀礼や現代のポップ音楽、ダンスについても考察されている点が特徴。音楽に対する固定概念を解き放つ、斬新かつ気鋭の論集。最終章には内容の理解を深めるための座談会も収載。

回るアレヴィー
トルコの都市における場とパフォーマンスの人類学

ISBN : 978-4-7998-0101-7
定価 : 2,400円（+税）

米山知子 : 著

アレヴィーとは、トルコを中心とする地域に居住するイスラムの影響を強く受けた人々のことである。彼らの身体技法にセマーと呼ばれる、歩くことと旋回動作を基本とするものがある。本書は、本来の実践の場から抜け出すこととなったパフォーマンスに焦点を当て、担い手がその「パフォーマンス」をいかにその社会に位置づけようとしているのか、そのメカニズムと、そこに働きかけるパフォーマンス自体の持つ力を解明する。

地球音楽出会い旅３
音の大地を歩く
民族音楽学者のフィールドノート

ISBN : 978-4-7998-0111-6
定価 : 2,000円（+税）

水野信男 : 著

アラブ音楽研究の第一人者である著者が、世界の音を語るエッセイ集。日本各地にゆたかに伝わる伝統的な音楽から文章ははじまる。沖縄県、大阪府、山形県、徳島県、島根県、福岡県と、日本各地のさまざまな音の文化が綴られる他、海外では、中国に残るイスラム寺院と現地の音楽や、中東の音風景からキリスト教音楽の源流を探り、イスラム世界の音文化や宗教儀礼における声や音などについても詳しく語られる。音楽とは何か。その持つ力とはなにかを考えさせてくれる名エッセイ集。

地球音楽出会い旅２
中東・北アフリカの音を聴く
民族音楽学者のフィールドノート

ISBN : 978-4-903238-19-7
定価 : 2,200円（+税）

水野信男 : 著

東はイラン、オマーンから西はセネガル、ポルトガルまで、中東から北アフリカを中心に長年フィールドワークを続けてきた民族音楽学者がつづるエッセイ集。中東や北アフリカといった政治的に注目される地域を音という視点から描いている。各地の意外に密接なヨーロッパとのつながり、ヨーロッパ文化をどう受け入れてきたのか、そしてアラビアンナイトの世界について、自らの足跡と共に読みやすく書かれている。また、戦乱以前の各地の様子が紹介されている点も見逃せない。

地球音楽出会い旅１
地球音楽出会い旅
日本各地の暮らしの歌から世界の諸民族の響きまで、時代を越えた音紀行

ISBN : 978-4-903238-10-4
定価 : 2,000円（+税）

水野信男 : 著

『邦楽ジャーナル』誌にかつて連載された地球音楽随想のうち未書籍化のエッセイを中心に、山陰中央新報、神戸新聞、讀賣新聞の文化欄や雑誌『本のひろば』などへの寄稿文を収載。さらには書き下ろし原稿も加えた。文化関連人物論、音楽教育論のほか、音の風物詩ないしは音楽に関わる身辺雑記等、一音楽学者の体験した音と音楽への直観的世界が広がっている。文体は読みやすく、音楽や文化について幅広い視点から考察を展開している。